CÓMO TRATAR CON MADRES O PADRES NARCISISTAS

La Guía de Supervivencia para Hijos de Padres Narcisistas, Inmaduros y Difíciles de Tratar

KEITH DAVIDSON

© **Copyright 2021 – Keith Davidson - Todos los derechos reservados.**

Este documento está orientado a proporcionar información exacta y confiable con respecto al tema tratado. La publicación se vende con la idea de que el editor no tiene la obligación de prestar servicios oficialmente autorizados o de otro modo calificados. Si es necesario un consejo legal o profesional, se debe consultar con un individuo practicado en la profesión.

- Tomado de una Declaración de Principios que fue aceptada y aprobada por unanimidad por un Comité del Colegio de Abogados de Estados Unidos y un Comité de Editores y Asociaciones.

De ninguna manera es legal reproducir, duplicar o transmitir cualquier parte de este documento en forma electrónica o impresa.

La grabación de esta publicación está estrictamente prohibida y no se permite el almacenamiento de este documento a menos que cuente con el permiso por escrito del editor. Todos los derechos reservados.

La información provista en este documento es considerada veraz y coherente, en el sentido de que cualquier responsabilidad, en términos de falta de atención o de otro tipo, por el uso o abuso de cualquier política, proceso o dirección contenida en el mismo, es responsabilidad absoluta y exclusiva del lector receptor. Bajo ninguna circunstancia se responsabilizará legalmente al editor por cualquier reparación, daño o pérdida monetaria como consecuencia de la información contenida en este documento, ya sea directa o indirectamente.

Los autores respectivos poseen todos los derechos de autor que no pertenecen al editor.

La información contenida en este documento se ofrece únicamente con fines informativos, y es universal como tal. La presentación de la información se realiza sin contrato y sin ningún tipo de garantía endosada.

El uso de marcas comerciales en este documento carece de consentimiento, y la publicación de la marca comercial no tiene ni el permiso ni el respaldo del propietario de la misma.

Todas las marcas comerciales dentro de este libro se usan solo para fines de aclaración y pertenecen a sus propietarios, quienes no están relacionados con este documento.

Índice

El famoso psicólogos Sigmund Freud alguna vez dijo: "no hay mayor necesidad en la infancia que la de sentirse protegido por los padres". Esta no era una simple opinión o una moda pasajera. Más bien, es la conclusión a la que llegó después de haber pasado años estudiando las causas de las condiciones psicológicas que sufrían decenas de personas en ese tiempo. Freud descubrió que uno de los principales aspectos en común entre las personas que sufrían del trauma psicológico era una infancia poco saludable. Por desgracia, los mismos traumas y problemas continúan acosando a una gran cantidad de personas en los tiempos modernos. Igualmente, la mayoría de estos problemas pueden rastrearse hasta una mala infancia. De hecho, se estima que una de cada cuatro personas sufre de traumas por tener al menos un padre tóxico en su vida.

Por suerte, no importa que tan traumática por tóxica haya sido su infancia, todavía puede vivir una vida llena de amor, significado y felicidad. La clave está en reconocer las influencias que tiene tu pasado en tu vida diaria.

Tal vez vives en la soledad, con miedo a que las personas te rechacen por no ser lo suficientemente bueno. O tal vez estás atorado en una relación tóxica, una que se parece a la relación que tenían tus padres mientras crecías. Tal vez tienes mucha ira y desatas tu enojo a la menor provocación, lo que conlleva una vida de miseria para tu familia.

O, aún peor, tal vez tienes miedo de tener una familia propia en el caso de que te vuelvas igual a tus padres. No importa cuál sea el problema que se enfrente como adulto, al final de cuentas puedes ser curado de tu dolor y de las cicatrices del pasado y, por lo tanto, ser una mejor persona, pareja y padre en el momento presente.

Este libro te proporciona una gran variedad de perspectivas que te permiten curar las heridas de la relación tóxica en tu vida. Primero revelaremos las señales de que estás en una relación tóxica. Vamos a discutir los diferentes tipos de padres emocionalmente inmaduros y los distintos impactos que pueden tener en el bienestar emocional y mental de una persona. Luego, te vamos a guiar por el proceso de eliminar la duda en uno mismo y la necesidad de encontrar la felicidad en la adquisición material o en el prestigio social.

Solamente cuando te liberes a ti mismo de esa conducta dañina es cuando podrás comenzar a involucrarse en las prácticas que te llevarán a la autosanación y la creación de una vida feliz y satisfactoria.

El siguiente paso es comenzar el proceso mismo de sanación. En este libro vamos a explorar una gran cantidad de técnicas diferentes que ayudan a cualquier persona a recuperarse de un pasado traumático y a descubrir la felicidad y el bienestar que realmente mereces. Estas técnicas cubren una gran variedad, incluyendo cosas como el yoga, la meditación, la terapia con arte y otros tantos métodos para la recuperación. No importa tu estilo de vida, habrá varias técnicas de autosanación que serán perfectas para ti. Por último, este libro te ayudará a resolver la relación que tienes con tus padres emocionalmente inmaduros. Un capítulo entero está dedicado al proceso de crear una relación saludable y beneficiosa mutuamente con ellos, lo que te permitirá vivir tu vida sin tener que desligarte por completo de tu pasado. Sin embargo, en el caso que no sea posible esa reconciliación, hay un capítulo dedicado a lidiar con la dolorosa decisión de tener que cortar lazos con tus padres para poder seguir adelante con tu vida.

Para cuando termines de leer este libro, tendrás todas las herramientas que necesitas para crear tu vida ideal.

Ya sea que quieras simplemente ser una mejor persona en general, con una mayor autoconfianza y ambición, o que quieras ser una mejor persona en términos de tu relación con otras personas, ser un mejor amigo, pareja o padre, este libro te ayudará a lograr tu objetivo. Lo mejor de todo es que, para cuando termines de leer este libro, serás capaz de compartir tus conocimientos con otras personas que enfrentan los mismos problemas debido a sus propias relaciones tóxicas. Por lo tanto, además de curar tus propias heridas y recomponer tu vida, puedes ayudar a que otras personas hagan lo mismo. Una vez que ayudes a que una persona encuentre la felicidad en su vida, descubrirás que la única cosa que es mejor que liberarte a ti mismo de tu pasado tóxico es ayudar a que otros se liberen a sí mismos.

¿Qué es la inmadurez emocional?

Cuando escuchas el término "inmadurez emocional", es probable que pienses en un niño pequeño, de cinco o seis años de edad, que hace un berrinche. Es posible que sus padres le dijeran que no podían comprar un juguete en particular o que no podían comer hamburguesas en el almuerzo. No importa la razón, en vez de simplemente aceptar la situación y seguir adelante, el niño patalea como protesta, demostrando su descontento por medio de quejas, llanto y los gritos que todo padre teme. Aunque esta es una imagen muy precisa de la inmadurez emocional, es una que no importa tanto.

Después de todo, los niños son inmaduros. Por esa razón, nadie espera que ellos entiendan el porqué su comportamiento para esa situación fue malo.

. . .

Por desgracia, la inmadurez emocional no siempre termina cuando una persona llega a la adultez. En vez de eso, suele quedarse con el individuo durante toda su vida, lo que da como resultado personas que actúan de una manera que, en el mejor de los casos, es distractora, mientras que, en el peor de los casos, es dañina, afectando cada relación que tenga de forma muy negativa. En este capítulo hablaremos de lo que significa ser emocionalmente inmaduro, proporcionando ejemplos específicos de comportamientos y rasgos de personalidad de las personas emocionalmente inmaduras. También abordará algunos de los elementos básicos de la inmadurez emocional en los padres, por lo que te ayudará a saber si tus padres cumplen o no con las características.

Definir la inmadurez emocional

Para poder comprender bien lo que significa ser emocionalmente inmaduro, tienes que reconocer que existen dos elementos distintivos de esta condición. El primer elemento es emocional. Cuando una persona es emocionalmente inmadura, suele carecer de la habilidad para ver la vida de una forma intelectual. En vez de eso, todo lo que experimentan se procesa por medio de un filtro emocional, dándole valor estrictamente basándose en cómo lo hace sentir.

En otras palabras, en vez de pensar su camino por la vida, una persona emocionalmente inmadura *siente* su camino en la vida. Por lo tanto, para que algo sea bueno, tiene que brindar placer. Sin embargo, si una persona, evento o experiencia no proporciona placer, se considera como algo malo, equivocado o indeseable.

El segundo elemento de la inmadurez emocional es ser inmaduro. Esto abarca una gran variedad de personalidades y comportamientos, los cuales serán explicados a detalle un poco más adelante. Basta con comprender en ese punto que el elemento de inmadurez de esta condición hace que la persona se mantenga concentrada en sí misma, al igual que un niño promedio de 5 o 6 años.

Alguien que sufre de inmadurez emocional es bastante incapaz de ver más allá de sus propios pensamientos y emociones. Como resultado, suelen ignorar problemas de contextos más generales como los eventos mundiales, causas comunes y otras cosas que sirven para darle sentido al mundo. Su completa existencia sucede dentro de su cabeza, consiste sólo en sus deseos, miedos y expectativas. Una mentalidad tan ser parada en sí misma así que cada decisión, acción y respuestas serán naturalmente muy egoístas.

Cuando se combinan, ambos elementos crean un tercer componente, el de ser incapaz de controlar las respuestas emocionales, buenas y malas. Aquí es cuando vuelve otra vez la imagen del niño haciendo un berrinche. En vez de considerar los sentimientos de las otras personas o las consecuencias de sus propias acciones, una persona emocionalmente inmadura simplemente actúa conforme a su respuesta emocional a cualquier situación que la desencadene. Por lo general, esto se puede observar en episodios de ira en los que la persona explota cuando las cosas no resultan como quiere. Mientras que los berrinches de un niño son poco más que molestos, los de un adulto pueden ser aterradores, en especial cuando son capaces de causar un verdadero daño o lesión a otras personas. En consecuencia, es muy importante saber las señales de advertencia de una persona emocionalmente inmadura para lograr protegerse mejor a sí mismo de cualquier posible episodio que pueda tener.

Inmadurez emocional en los padres

. . .

Experimentar la inmadurez emocional en cualquier persona ya es lo bastante malo en cualquier circunstancia.

Cuando se experimenta en los propios padres, se vuelve mil veces peor.

Esto se debe a que la relación entre padre e hijos es de dependencia, en la que el hijo confía en que el padre le proporcione amor, una dirección y, lo más importante, protección de cualquier posible daño o lesión. Cuando estos padres son emocionalmente inmaduros, eso deja al niño vulnerable ante los peligros del mundo exterior; pero también lo deja vulnerable a los peligros que crean sus propios padres. Esto puede causar un trauma emocional muy importante, cicatrices que pueden durar toda una vida. Las señales de que tus padres son emocionalmente inmaduros son las siguientes:

- **Se concentran sólo en ellos mismos**. Las personas en general tienden a ser un poco egocéntricos, eligen hacer cosas que sirven a sus propios intereses antes de actuar por el bien de los demás. No obstante, cuando una persona se vuelve un padre, se espera que cambie esa mentalidad. Aunque el individuo todavía puede satisfacer sus necesidades y las necesidades de su familia primero, nunca deberías poner sus deseos personales sobre las necesidades de sus propios hijos. Y así esta es una señal clásica de un padre emocionalmente inmaduro.

- **Son inconsistentes**. Otra expectativa de un buen padre es que sea consistente con su humor, sus valores y sus acciones. Al ser consistente, él o ella ayudará a crear un entorno que se siente seguro y saludable para el niño. En comparación, cuando un padre experimenta cambios extremos de humor o se vuelve errático en su comportamiento, eso crea una sensación de caos que afecta severamente el sentido de seguridad y de confianza del niño. El nunca saber qué esperar de un padre es suficiente para hacer que cualquier niño se retire a la seguridad de su propia mente, lo que lo cierra ante las demás personas.

- **Se estresan fácilmente**. Nadie diría que la vida de un padre es fácil libre de estrés. Al contrario, cada padre que cuida de sus hijos y de su hogar va a experimentar el estrés en todas sus formas y tamaños de forma diaria. Sin embargo, la mayoría de los padres desarrollan resistencia y fortaleza que les permite aguantar tanto estrés y vivir una vida feliz y normal. Por desgracia, así no es cómo funcionan las cosas en el caso de los padres emocionalmente inmaduros. En vez de volverse más resistente al estrés, los padres emocionalmente inmaduros son demasiado vulnerables a las situaciones estresantes. Por una parte, esto puede hacer que se vuelvan demasiado susceptibles emocionalmente con cualquier problema. Y, por otra parte, esto puede causar que ellos huyan de los problemas serios en la vida, haciendo la vista gorda en vez de proporcionarán la guía y apoyo que se espera de ellos.

- **Son pasivo agresivos o incluso agresivos con sus hijos.** Esto es algo que esperas de una persona emocionalmente inmadura. Pensando en el niño que tiene o un berrinche emocional, una de las cosas que suele suceder en dicha situación son quejas verbales de cuánto odia el niño a sus padres y de lo injustos que son siempre con él o ella. Estos exabruptos son comunes entre los niños y los padres emocionalmente inmaduros. Por desgracia, en este caso, son los padres haciendo un berrinche al niño en vez de al revés. Se puede pasar que el padre sea más pasivo agresivo, eligiendo cuestionar el amor del niño por ellos cuando sienten que las cosas no salen como quieren. En cualquier caso, este abuso emocional puede dejar cicatrices profundas y dolorosas.

- **Viven a través de sus hijos**. Una tendencia común de pasivo agresividad en padres emocionalmente inmaduros es vivir indirectamente a través de los hijos. Aunque cualquier padre quiere compartir su felicidad y éxito con sus hijos, es una cosa completamente diferente tratar de experimentar esos momentos felices y de éxito en primera mano. Los padres emocionalmente inmaduros suelen imponer sus decisiones y deseos para sus hijos, obligándolos a vivir la vida que ellos nunca pudieron vivir. Esto suele pasar cuando los padres vienen de familias con pocos ingresos, en las que las oportunidades eran pocas y raras. Esto suele ser evidente en cosas como la elección de carrera o de universidad, elecciones en las que los padres depositan sus sueños en sus hijos.
- Crean una relación demasiado dependiente. Cualquier niño será dependiente de sus padres hasta cierto punto. Después de todo, pocos niños pueden poner un techo sobre sus cabezas y comida en la mesa, por lo que necesariamente confían en los esfuerzos de sus padres. No obstante, los padres emocionalmente inmaduros utilizan esta

dependencia a su favor, creando una situación en la que se vuelven más y más necesarios en la vida de sus hijos. En vez de crear una mentalidad de confianza e independencia en el niño, los padres emocionalmente inmaduros mantienen al niño en un estado de necesidad, siempre necesitando de ellos para la seguridad y el apoyo. Esto exagera la importancia del padre, lo que le da valor y significado a su vida a costa de sus hijos.

Diez señales de inmadurez emocional

La lista anterior se concentra en las señales exhibidas por padres emocionalmente inmaduros hacia sus propios hijos. Es importante recordar que mientras que una persona puede ser un padre, también sigue siendo una persona regular. Esto significa que su inmadurez emocional afectará cada aspecto de su vida, no sólo su relación en casa. En consecuencia, existen muchas señales de inmadurez emocional que pueden ser vistas en todas las áreas de su vida, incluyendo el trabajo, relaciones sociales y similares. La siguiente lista es de las diez señales más comunes de una persona que es emocionalmente inmadura.

· · ·

1.- Nunca asumen la responsabilidad de sus acciones

Una de las señales más evidentes de la madurez en una persona y es su habilidad para hacerse responsable de sus propias acciones, en especial cuando esas acciones tienen consecuencias negativas. Sin embargo, cuando una persona carece de madurez emocional esta habilidad suele estar ausente por completo. Suele ser bastante común que esto tome forma cuando se culpa a las otras personas o situaciones del problema actual.

Por ejemplo, si perdieron su trabajo de vida que su desempeño laboral fue y bajo, en vez de asumir su responsabilidad, le va a echar la culpa al jefe o a la economía por perder su trabajo. Nunca va a admitir sus errores incluso cuando la culpa recae directamente sobre su cabeza.

Otra forma en la que una persona emocionalmente inmadura que va de la responsabilidad de sus acciones exculpando el impacto que tienen otras personas en él o ella. En el ejemplo de alguien que pierde su trabajo, incluso si el individuo admite que su desempeño no fue el adecuado, en vez de asumir la responsabilidad, le va a echar la culpa a otra persona por haberla estresado o por no apoyarla lo suficiente, lo que la llevó a tener un mal desempeño en el trabajo. Así, la culpa siempre se puede encontrar en alguien más, incluso si es de una forma abstracta y pasivo agresiva.

2.- Carecen de empatía

Es razonable pensar que en una persona que ha sido consumida por su propio estado mental y emocional sea completamente incapaz de demostrar empatía por alguien más en cualquier situación. Por lo tanto, una persona emocionalmente inmadura es fácil de distinguir ya que son las personas más críticas, desinteresadas y despiadadas que alguna vez conocerás.

En muchas situaciones, esta persona suele ser descrita como fría, que no le importa el dolor y sufrimiento o de los demás. No obstante, no se trata tanto de una situación en la que no le importa el sufrimiento de los demás, sino que se trata más de un caso en el que, en primer lugar, realmente no ve el sufrimiento.

Ya que las personas emocionalmente inmaduras viven en su propio mundo, es muy raro que se tomen el tiempo de ver a su alrededor el tiempo suficiente para realmente ver las condiciones de los demás. Así, en vez de ser desinteresados, simplemente no son conscientes de lo que viven las otras personas. En pocas palabras, no les afecta, no existe en su realidad. Alternativamente, cuando una persona emocionalmente inmadura es testigo del dolor y del sufrimiento de otra persona, simplemente lo ignora por hábito. Ya que está condicionada a poner sus necesidades y deseos primero, no tiene tiempo o energía para contemplar las necesidades y problemas de otras personas. De nuevo, no se trata tanto de una persona sin corazón, sino que se trata más de una persona que simplemente es inconsciente de las otras personas.

3.- Rebajan a las otras personas para ganar poder

Otra característica común de las personas emocionalmente inmaduras es que rebajan a las otras personas para obtener poder. Suele ser bastante común que esto se debe a un problema de baja autoestima, en el que el individuo se siente incapaz de en probarse a sí mismo como alguien valioso y, por lo tanto, confía en que señalar los errores de otras personas le hará quedar mejor. Un entorno en el que suele ocurrir esto es en el lugar de trabajo. Un empleado que se siente inseguro estará más dispuesto a hablar de los errores de los demás para lograr mejorar su propia imagen. Esto puede ser simplemente un intento para ganar reconocimiento positivo; sin embargo, este comportamiento también se puede utilizar para ganar un ascenso a expensas de alguien más.

.   .   .

No hace falta decirlo, rebajar a los demás para ganar prestigio o poder también es una práctica utilizada por las personas emocionalmente inmaduras en el entorno más íntimo del hogar. Ya sea rebajar a la pareja o al hijo, esta conducta tiene la misma función de hacer que una persona insegura se sienta mejor consigo misma. Es bastante común que las cosas que critican de los demás son rasgos que ellos mismos poseen en abundancia. Por lo tanto, tal vez son capaces de quejarse de que nadie considera sus necesidades cuando toman una decisión o que nadie se preocupa de cómo se siente. Al final, estas personas suelen proyectar sus propios errores en los demás, algo que crea un sentido abrumador de ironía y desesperación.

4.- Rechazan las opiniones de los demás (se ponen a la defensiva)

Las personas emocionalmente inmaduras están entre las personas más a la defensiva que llegarás a conocer. Es casi imposible tener una conversación significativa con esas personas ya que son capaces de rechazar las opiniones de los demás cuando son diferentes a las propias. Este es otro ejemplo de una conducta que puede encontrarse tanto en personas que sufren de una baja autoestima como en personas que son consideradas emocionalmente inseguras. En vez de ser capaces de comprender la opinión de la otra persona, alguien emocionalmente inmaduros siempre debe ser el que tiene la razón. Por lo tanto, siempre van a discutir hasta que sientan que han ganado el debate, incluso si no había ningún debate en primer lugar.

5.- Siempre ponen sus necesidades primero (se quedan en un estado infantil)

Como hemos mencionado antes, otro rasgo muy común de las personas emocionalmente inmaduras es que siempre ponen sus necesidades primero. Esta es otra señal de que el individuo está atorado emocionalmente en la etapa de infantil. Al igual que un niño que no puede ver más allá de sus deseos y necesidades, lo mismo sucede con una persona emocionalmente inmadura que tiene una visión demasiado cerrada. Nada les importa más que su búsqueda constante de placer y apaciguamiento.

Esto se puede evidenciar en cosas como cuando un niño tiene unos zapatos muy desgastados y el padre tiene zapatos nuevos, o que el niño apenas tiene un colchón para dormir en su cuarto, mientras que el padre tiene hasta una nueva televisión en su recámara. En general, mientras que la mayoría de los padres sacrifican su propia comodidad y felicidad para proporcionarle a sus hijos todo lo que necesitan, aquellos que son emocionalmente inmaduros sacrifican la felicidad y el bienestar de sus hijos para satisfacer primero sus deseos.

· · ·

6.- Son incapaces de ceder

A primera vista, este rasgo puede parecer redundante debido a la característica de rechazar las opiniones de las otras personas. Después de todo, para ser incapaz de ceder, tienes que no querer considerar la opinión de los demás. Sin embargo, eso es sólo la primera mitad. La otra mitad es cuando la persona emocionalmente inmadura siempre pone primero sus necesidades personales. Así, la incapacidad de comprometerse puede ser considerada como una parte de la necesidad de ser el primero y de la necesidad de estar en lo correcto. Esto tiene como resultado una persona emocionalmente inmadura que no tiene la voluntad de ceder ni un poco, por lo que elige una mentalidad de todo o nada. Incluso si la opinión o deseo de la otra persona es parecida a lo que quiere la persona emocionalmente inmadura, eso no importa.

Cualquier compromiso se considera un sacrificio, y la idea del sacrificio está más allá del entendimiento de cualquier persona que carezca de madurez emocional.

7.- No les importan los sentimientos de las otras personas (el yo sobre el nosotros)

Esto corresponde con la falta de empatía que ya explicamos en esta sección. No obstante, la falta de empatía puede ser atribuida a un estado de inconsciencia sobre los demás, mientras que no preocuparse por los sentimientos de otras personas es algo diferente. En este caso, la persona emocionalmente inmadura está completamente consciente de los problemas emocionales de los demás; sin embargo, de todas maneras, elige ponerse a sí misma primero. Aunque esto puede indicar frialdad e incluso una tendencia sádica en algunos momentos, la mayoría de las veces, eso revela simplemente la forma en la que estas personas están desligadas de la realidad. Suele ser común que la razón por la que una persona emocionalmente inmadura es desinteresada con los sentimientos de los demás se debe a que tienen la certeza de que cuando él o ella sea feliz, todos los demás serán felices. Por lo tanto, lo mejor que pueden acceder es buscar su propia felicidad, no importa cómo pueda afectar esto a los demás. Una persona emocionalmente inmadura realmente crees que cuando él o ella sea feliz y los demás sean infelices, es por culpa de que las otras personas no son razonables o son muy necias, no al revés.

8.- Tienen dificultades para hablar sobre sus propios sentimientos

Es bastante irónico que una de las señales más comunes de la inmadurez emocional en una persona es su incapacidad para hablar sobre sus sentimientos personales. Uno esperaría que fuera de otra manera, en especial por lo importantes que son los sentimientos para las personas emocionalmente inmaduras. Sin embargo, en vez de esperar a hablar sobre sus sentimientos, eligen evitar estas conversaciones, ya sea cambiando el tema o volverse sarcásticos como un intento de reducir la importancia del tema. Esto tiene como resultado la incapacidad para establecer cualquier conexión real con el individuo, haciendo que sea imposible cambiar su perspectiva emocionalmente inmadura de la vida. Por lo tanto, esto puede ser considerado como un mecanismo de defensa, el cual protege al "niño" del mundo exterior.

No obstante, hay otra explicación un poco más siniestra. Esto sugiere que la persona emocionalmente inmadura es, de alguna manera, consciente del hecho de que no se está comportando de la forma correcta. En consecuencia, tiene que elegir evitar la conversación que pueda obligarla a analizar su mentalidad y reconocer sus errores. Ya que estas personas siempre necesitan estar en lo correcto, cualquier cosa que pueda revelar sus errores es algo considerado como un tabú, y por lo tanto debe evitarse a cualquier costo.

9.- Evitan hablar del futuro

Algo que diferencia a los niños de los adultos es su habilidad para estar completamente presentes en el momento. La mayoría de las veces, esto es algo positivo, ya que permite al niño a experimentar la vida completamente, algo que los adultos no son capaces de compartir.

· · ·

Sin embargo, la persona promedio supera esta capacidad conforme se vuelve más responsable en la vida junto cosas como conseguir un trabajo, buscar una casa e incluso buscar una pareja para su vida sin que la persona promedio pase mucho tiempo y consuma mucha energía pensando en el futuro. Ya que las personas emocionalmente inmaduras evaden la responsabilidad, carecen de la necesidad de pensar sobre el futuro. En consecuencia, suelen evitar cualquier conversación que requiera hacer planes, considera resultados o cualquier otro elemento relacionado con el futuro.

10.- Se aferran al pasado

Por desgracia, aunque las personas emocionalmente inmaduras no tienen la voluntad de enfrentar el futuro, tampoco tienen la voluntad de dejar ir el pasado. Esto es especialmente cierto cuando se trata de aferrarse a viejos rencores. Si una persona emocionalmente inmadura siente que alguien la ha lastimado, se va a aferrar a ese sentimiento o de forma permanente.

No importa lo que la otra persona haga para solucionarlo, nunca será completamente perdonada. Una de las razones de esto se debe a que la persona emocionalmente inmadura es incapaz de dejar de ir sus experiencias traumáticas personales, ni importa que tan triviales o inventadas puedan ser. Por lo tanto, si alguna vez llegas a herir los sentimientos de esta persona en la más mínima forma, estarás marcado de por vida.

Otra razón por la que las personas emocionalmente inmaduras se aferran al pasado es por la ventaja que les brinda. Van a mencionar cualquier ofensa o error pasado para ganar poder emocional sobre la otra persona, utilizando la culpa y el arrepentimiento para manipularla.

Esta es la base sobre la que se construye el abuso emocional. Sin embargo, esto no aplica a ellos mismos. En vez de aferrarse a sus propios errores y ofensas, estas personas van a reescribir la historia, creando una narrativa en la que están en lo correcto y todos los demás están equivocados. Este es otro ejemplo de qué tan desligados están de la realidad las personas emocionalmente inmaduras.

2

Diferentes tipos de padres emocionalmerte inmaduros

DESCUBRIR que eres el producto de padres emocionalmente inmaduros puede ser algo difícil de aceptar, en especial cuando consideras las implicaciones que tal descubrimiento puede tener en tu vida. Las posibilidades son que eres la víctima de una infancia robada, ya que te han obligado a crecer más rápido de lo que la mayoría de las personas necesitan y, por lo tanto, te han robado la diversión y la inocencia que se supone que debería definir tus años de infancia. Lo que es peor, la mayoría de las heridas causadas por tus padres emocionalmente inmaduros siguen causando dolor y sufrimiento o incluso en tu adultez, lo que hace pensar que el daño que tus padres te causaron es inevitable de alguna manera. Por suerte, el descubrimiento de que tus padres son emocionalmente inmaduros es el primer paso del proceso de sanación. Este paso te ayudará a darte cuenta de que tus problemas emocionales realmente no son tu culpa.

La siguiente parada en el proceso de sanación es determinar exactamente qué tipo de inmadurez emocional es expresaron tus padres. Así como un individuo puede experimentar una gran cantidad de tipos de emociones, igualmente pueden exhibir una gran cantidad de formas de inmadurez emocional. Estos tipos diferentes pueden dividirse en cuatro grupos principales, de los cuales cada uno tiene una forma única de comportamiento con el que se les asocia. Algunos padres pueden ser más manipuladores, mientras que otros pueden estar más ausentes en la vida de sus hijos. Otra forma de y es que algunos padres pueden ser excesivamente críticos con sus hijos, creando una sensación de que nunca han sido lo suficientemente buenos, lo cual los perseguirá el resto de sus vidas. Al comprender mejor el tipo de padre emocionalmente inmaduro que tienes, puedes comprender mejor el impacto que tiene en tu estado mental y en tu bienestar físico. En este capítulo hablaremos de los cuatro tipos principales de padres emocionalmente inmaduros, junto con el tipo de relación que tienen con sus hijos. Además, describiremos algunos de los efectos más comunes que esas relaciones tienen en las vidas de los hijos, incluso cuando son adultos. Los cuatro tipos de padres emocionalmente inmaduros más comunes son los siguientes:

· · ·

1.- Padres emocionales

Los padres emocionales son aquellos que demuestran su estado emocional sin ningún tipo de control.

Esto significa que pueden exhibir cualquier cosa, desde una ira extrema hasta una inmensa tristeza, desde una depresión extrema hasta una inmensa felicidad. A primera vista, la idea de expresar una gran alegría puede parecer que no es algo malo, sin embargo, en este contexto sólo agrega confusión e incertidumbre al entorno emocional, haciendo que el niño sienta una gran inseguridad como resultado. No obstante, son las otras emociones las que son una verdadera preocupación ya que son peligrosas incluso en las mejores circunstancias.

Cuando un padre emocional siente enojo, puede llegar a liberar su ira sin ninguna advertencia, entrando en episodios violentos de gritos, arrojando cosas, rompiendo objetos e incluso golpeando a las personas. No hace falta decir que cualquiera de estos escenarios no es saludable para una persona, en especial para un niño pequeño que es vulnerable e incapaz de comprender realmente lo que está viviendo. En el caso de abuso físico, un padre emocional puede golpear a un niño en cualquier momento de que el niño haga algo que se considere malo.

. . .

Lo que así que este abuso sea aún peor es que el padre va a explicar por qué, en primer lugar, el niño es el responsable de su enojo.

De esta manera, el niño no sólo sufre del dolor de ser abusado físicamente, sino que también sufre del dolor de la culpa, sintiendo que toda la experiencia es su culpa.

Cualquier persona que viva una infancia como ésta tendrá cicatrices emocionales muy profundas. Muchas de ellas tendrán problemas con sus emociones. Como resultado, verán cualquier emoción de enojo como algo peligroso y vergonzoso. Lo que es aún peor, muchas de estas personas se resisten a tener familia propia ya que tienen miedo a ser iguales a sus padres emocionales y causarles daño a sus propios hijos.

La mayoría de las veces, los padres emocionales no son abusivos físicamente. Esto no significa que sus acciones sean menos dañinas para sus hijos. Por el contrario, las heridas del abuso emocional pueden causar dolor mucho tiempo después de que el dolor del trauma físico se ha vuelto solamente una memoria lejana. En el caso de unos padres que muestran extrema tristeza o depresión, esto puede afectar profundamente al hijo ya que suelen hacerlo responsable de esos estados emocionales. Una forma común de este caso es cuando un padre se pone se pone irracionalmente triste por la conducta de su hijo, y le dice al niño que es su culpa. No hace falta decir que el niño va a decir y a hacer cosas que nunca haría de adulto.

Cualquier buen padre dejaría pasar esas cosas, considerando que es una parte del proceso de crecimiento. Por desgracia, los padres emocionales se toman esos eventos como algo personal, respondiendo de la manera que lo harían si la acción la realizará un adulto en vez de un niño. Esto hace que el niño sienta un profundo arrepentimiento y culpa, cosas que ningún niño debería experimentar. Si estas situaciones ocurren de forma regular, esto puede llegar a afectar severamente el sentido del valor propio del niño, haciendo que tenga problemas severos durante su vida adulta.

Tal vez, el efecto más grande que pueden tener los padres emocionales en sus hijos es la sensación de ansiedad que viene con un entorno altamente cargado de emociones.

En cualquier momento en el que el niño tenga miedo de desequilibrar a sus padres, él o ella puede sentir que está caminando constantemente entre pedazos de vidrio roto.

. . .

En vez de ser capaces de disfrutar de la vida y de explorar su propio ser, los hijos de padres emocionales están en un estado perpetuo de alerta, cuidando cada una de sus palabras y acciones en el caso de que puedan hacer que sus padres pierdan la cordura.

Este perpetuo estado de escrutinio personal puede llevar a que una persona sea demasiado autoconsciente durante toda su vida. Se pueden volver muy indecisos, temiendo todas las posibles consecuencias negativas de cualquier acción que realicen. Además, se pueden sentir personalmente responsables de la felicidad de aquellos que los rodean, como si ellos solos determinarán la forma en la que se sienten y piensan todos los demás en determinado momento.

2.-Padres ambiciosos

Los padres ambiciosos son mucho más impredecibles e inestables que los padres emocionales. Sin embargo, el impacto que tienen en la vida de sus hijos puede ser igual de severo y doloroso. La mayoría de las veces, los padres en esta categoría son demasiado ambiciosos con las carreras profesionales en campos como la medicina, leyes e incluso política. Aunque no hay duda de que inculcar la ambición y el sentido de un propósito en los hijos es algo bueno y saludable, estos padres lo llevan a un nivel que es devastador para la mente joven. En pocas palabras, los padres ambiciosos son los perfeccionistas que nunca permiten que sus hijos sean otra cosa que los jóvenes adultos que se espera que sean mejores que los demás.

Un niño que crece con un padre ambicioso es uno al que seguramente le roban la infancia.

En vez de ser capaz de jugar como cualquier otro niño, hacer ruido, dar vueltas en la tierra y básicamente ser despreocupado y joven, estos niños tienen que actuar como si fueran un adulto en el cuerpo de un niño. Sus padres suelen prohibir que hagan mucho ruido, ya sea en interiores o en exteriores, y definitivamente no tendrán permitido ensuciarse como un niño cualquiera. Lo que es peor, se espera que cuiden de sus juguetes como si fueran los curadores de un museo cuidando artefactos antiguos y preciosos. Mientras que otros niños pueden golpear y desgastar sus juguetes, chocará con todos y perder piezas de figuras de acción, estos niños serán regañados o castigados si sus juguetes pierden su apariencia y olor de recién comprado. De hecho, incluso algunos niños tendrán prohibido sacar sus juguetes de la caja ya que lo único que harían sería desgastarlos, dañarlos o perderlos.

· · ·

Este sentido de la expectativa va más allá de sólo la vestimenta, el comportamiento y los juguetes. Los padres ambiciosos esperan de sus hijos nada más que las calificaciones más altas en cada una de las materias que estudien.

A pesar de que es sólo una parte de la población es naturalmente capaz de tener las calificaciones más altas en cada área, los niños de los padres ambicioso serán sometidos sin piedad a este estándar. Además, su comportamiento en la escuela necesita ser excepcional.

En muchos casos, ni siquiera es suficiente que el niño sea bien portado y que pase desapercibido. En su lugar, se espera que sean tan excepcionales que sus maestros hagan énfasis en su buena conducta, dando más halagos a los padres que a los niños mismos.

Por desgracia, no importa qué tan duro trabaje un niño, es bastante común que nunca llegue a cumplir las expectativas establecidas por sus padres ambiciosos. El esfuerzo constante para llegar a la perfección, en conjunto con nunca hacer lo suficientemente bueno para las expectativas de sus padres, suele resultar en que el niño sea muy nervioso durante su vida adulta, constantemente sintiéndose inadecuado por no ser absolutamente el mejor. Estas personas son demasiado duras consigo mismas, son demasiado autocríticas en cualquier momento en el que no alcancen la perfección absoluta. Siempre van a sentir que pudieron y debieron haber hecho mejor las cosas, y nunca estarán satisfechos consigo mismos de la misma manera en la que sus padres nunca lo fueron.

En algunos casos, esto se puede observar en una persona que es demasiado crítica con los demás, encontrando los errores en los más pequeños detalles. Esta crítica puede ser un verdadero peligro para las amistades e incluso para las relaciones de naturaleza más íntima.

Sin embargo, la mayoría de los hijos de los padres ambiciosos suelen sufrir solamente de la sensación de que nunca van a cumplir las expectativas de los demás, haciendo que tengan muy pocas relaciones personales, si es que tienen alguna. Esto puede hacer que no disfruten sus vidas de una manera real y significativa, por lo que se les roba la felicidad que realmente merecen.

3.- Padres pasivos

El tercer tipo de padres emocionalmente inmaduros es el de los padres pasivos. Estos son los padres que están presentes en cuerpo, pero siempre parecen estar ausentes en espíritu. Es muy raro que demuestran emociones de cualquier tipo, positivas o negativas, sin importar la situación. Aunque esto puede parecer mucho menos traumático que las emociones abrumadoras de los padres emocionales, de todas maneras puede causar una gran cantidad de daño.

Que la mayoría de los hijos de los padres pasivos tienden a sentirse no deseados y solos esto se debe a que sus padres fracasaron al darles el apoyo emocional y el amor que necesitaban en sus momentos más vulnerables e influenciables. Esto no significa que los padres no amen a sus hijos por alguna razón siniestra, sino que suele ser el resultado de unos padres que son relativamente incapaces de sentir amor de cualquier manera significativa y real. Ya que no pueden sentir la misma profundidad de emoción que las personas emocionalmente saludables sienten, parece que son pasivos y desapegados debido a su conducta. Cualquier adulto sería capaz de pensar en esta distancia como una peculiaridad. No obstante, el niño promedio se lo puede tomar de forma personal, haciendo que se sienta indeseado y no amado.

La mayoría de las veces, los padres pasivos no son malos padres que pasan por alto las necesidades diarias de sus hijos o que abusan física, emocionalmente o de cualquier otra manera a sus niños. Más bien, simplemente fracasan a la hora de proporcionarle a sus hijos cualquier sensación real de calidez y comodidad. Aunque ellos no hagan sentir miedo o inseguridad, tampoco hacen sentir amor o felicidad. Los padres pasivos nunca llegan a formar una relación emocional cercana con sus hijos, una que haga sentir a los niños como que pertenecen a ese hogar y familia. En su lugar, los padres pasivos coexisten con sus hijos, considerando que son otras personas más en sus vidas, como pequeños compañeros de casa que simplemente reconocen su presencia con un saludo cordial y, quizás, con una sonrisa.

Esta falta de conexión puede hacer sentir al niño como que no es amado y también puede servir como un impedimento para el crecimiento emocional del niño, afectando sus habilidades para tener relaciones significativas de adulto. Sólo cuando un niño experimenta emociones puede comenzar a explorar y a desarrollar estas emociones. Cuando carece de la interacción necesaria para este proceso, su crecimiento emocional puede terminar incluso antes de comenzar. Aún peor, ya que la mayoría de los niños consideran a sus padres como un ejemplo a seguir, los hijos de los padres pasivos pueden reprimir sus emociones, considerando que son tontas o que no son importantes. Esto puede hacer que carezcan de la habilidad para enamorarse y comenzar una familia por sí mismos en algún momento. Por otra parte, si es que llegan a crear una familia, es muy probable que se parezca a su propia infancia, una que carezca de conexión y profundidad emocional, lo cual haría que su pareja e hijos se sientan solos y sin amor.

4.- Padres que rechazan

Por último están los padres que rechazan a sus hijos. De cierta manera, éstos pueden ser los padres más negativos, rivalizando con los padres emocionales en el abuso y daño que llegan a causar. Mientras que los padres emocionales pueden exhibir una conducta positiva como una negativa, los padres que rechazan suelen ser simplemente de una naturaleza negativa.

Esto crea problemas severos para cualquier niño que haya sido criado por este tipo de personas, lo que resulta en un trauma emocional que puede llevar a una conducta rebelde e incluso a actividad criminal. No hace falta decirlo, los hijos de los padres que rechazan tienen un largo camino de recuperación por delante.

Una de las características más comunes de los padres que rechazan es la tendencia a degradar a sus hijos. Esto suele tomar forma al llamarle a sus hijos con apodos y groserías como "estúpido", "feo", "gordo" o cualquier otra palabra que humille y avergüence a su hijo. Aunque muchos padres utilicen este lenguaje de vez en cuando de forma bromista, los padres que rechazan utilizan estos términos de forma regular, y lo que el programa al niño para crear que son en realidad estúpidos, feos y generalmente indeseables. En la mayoría de los casos, estos niños crecen prácticamente sin autoestima, sintiendo que no tienen nada que ofrecer al mundo. En los casos extremos, esta falta de autoestima puede tomar la apariencia de odio por sí mismo, haciendo que la persona literalmente odie todo de sí misma. Estas personas pueden caer en conductas autodestructivas, como lastimar se físicamente o destruyendo relaciones personales que podrían ser felices y satisfactorias.

Otra forma en la que los padres que rechazan pueden exhibir su negatividad es cuando ponen las necesidades de los hijos en último lugar. Estos padres siempre dicen cosas como "no ahora" o "deja de molestarme" cuando su hijo acude a ellos en busca de ayuda, consuelo o simplemente compañía. Aunque esto no parezca algo tan perjudicial como decirle al hijo estúpido o feo, de hecho es igual de perjudicial para la psique del niño. El resultado final es que el niño se siente indeseado y no amado, de una forma muy similar a lo que sucede con los padres pasivos. Lo que hace que este escenario sea peor es que el niño de los padres que rechazan reconoce que sus padres consideran que otras cosas son más importantes que sus hijos. Por ejemplo, el padre puede decirle al hijo que deje de molestarlos cuando están mirando televisión. Esto hará que el niño reconozca que es mucho menos importante para sus padres que los personajes ficticios de un programa de televisión. Esta sensación puede llevar a una gran cantidad de problemas a lo largo de su vida.

Una manera en la que reaccionan los niños de los padres que rechazan al sentimiento de sentirse indeseado es rebelándose. Desde una temprana edad pueden actuar comportándose mal de cualquier manera que puedan llegar a imaginar. Actos de vandalismo, violencia y conducta antisocial son bastante comunes para los niños que tienen padres que lo rechazan.

Aunque la sola rebeldía es parte de la razón de este comportamiento, otra razón es obtener la atención que tanto desean. Ya que la conducta normal fracasa a la hora de hacer que les pongan atención, recurren a la conducta anormal. Esto no significa que el niño esté motivado por la violencia o la actividad criminal, sino que significa que están tan hambrientos de afecto y atención que harán casi cualquier cosa para obtenerla, incluso si eso resulta en una atención negativa. En su mente, cualquier tipo de atención es mejor que ningún tipo de atención.

. . .

Otro resultado es que los hijos de los padres que rechazan van a gravitar a cualquier atención que se les brinde, sin importar quién se las proporcione. Esto los hace altamente vulnerables para los depredadores que se pueden aprovechar de ellos, ya sea a temprana edad o cuando sean adultos. Muchos hijos de padres que lo rechazan terminan con parejas abusivas. Aunque puedan estar sufriendo como resultado del abuso, nunca van a dejar esa relación por miedo a siempre estar solos por lo que hicieron. Así, van a soportar los abusos más horribles si eso significa obtener atención, incluso si es atención del tipo equivocado. Además, su falta de autoestima hace que sientan que ese tipo de relación es la única que merecen, por lo que la aceptan como si fuera la mejor opción a la que pueden aspirar.

3

Las consecuencias de crecer con padres emocionalmente inmaduros

No se puede enfatizar suficientemente la importancia de los años de infancia de una persona. Durante estos años es cuando la persona desarrolla su personalidad, su comportamiento, sus creencias y sus habilidades para relaciones interpersonales. Cuando una persona se cría en un entorno amoroso y atento, se les da la mejor oportunidad para desarrollarse de manera saludable y positiva.

Son capaces de crear y mantener relaciones fuertes y amorosas, tienen seguridad en sí mismos y en sus habilidades propias, también tienen una apreciación saludable por la vida y todo lo que la vida tiene para ofrecer.

· · ·

Por desgracia, cuando una persona crece con padres emocionalmente inmaduros, su desarrollo es mucho menos positivo y exitoso. Estas personas tienen problemas para desarrollar relaciones saludables y amorosas que superen la prueba del tiempo, suelen volverse personas solitarias o prisioneras de relaciones disfuncionales y abusivas. Además, carecen de la autoconfianza que se crea en una infancia saludable. Al final, las consecuencias de crecer con padres emocionalmente inmaduros pueden durar toda la vida, afectando a una persona incluso después de haber dejado de los confines de su hogar de la infancia.

En este capítulo vamos a hablar de los ocho tipos de personalidad más comunes que son el resultado de ser criados por padres emocionalmente inmaduros. Definiremos el tipo de personalidad, apuntando a posibles eventos y entornos que pueden hacer que una persona adopte cierto tipo de personalidad. También vamos a explicar la forma en la que actúan estos tipos de personalidad como un tipo de mecanismo de defensa con el que se maneja el dolor de una crianza traumática. Por último, se revelará de los peligros potenciales que son inherentes a cada tipo, en especial al respecto o a formar relaciones saludables y duraderas. Los ocho tipos de personalidad más comunes asociados con los niños criados por padres emocionalmente inmaduros son los siguientes:

. . .

1.- **El solitario**

Tal vez el tipo de personalidad más común asociado con las personas que han sido creadas por padres emocionalmente inmaduros es el del solitario. Los solitarios son aquellos que se separan a sí mismos de la sociedad, eligen una vida de soledad con pocas, si no es que ninguna, relación significativa. Estos individuos son propensos a la depresión ya que carecen de la interacción social que puede ayudar a una persona a mantenerse motivada, positiva y llena de energía. Como resultado, la felicidad y el amor que les fue robado a los niños también se mantiene ausente durante su vida adulta.

La mayoría de los solitarios vienen de padres que fueron de naturaleza pasiva. Como ya hemos explicado, estos padres demuestran poca o nula emoción hacia sus hijos.

Creando así un niño que tiene problemas a la hora de sentir y mostrar emociones en sus siguientes años de vida.

Además, aquellos que han sido criados por padres pasivos probablemente se sienten desapegados de las personas en general, razón por la cual eligen una vida de aislamiento.

. . .

No es una cuestión en la que ellos rechazan a la sociedad o incluso de tener miedo de las relaciones.

Más bien, se trata de que se han acostumbrado a estar solos. Por lo tanto, no tienen la necesidad de tener otras personas en su vida.

Y el principal resultado que enfrentan los solitarios es la soledad. No importa qué tan independiente sea una persona, el hecho es que necesitan de otras personas en sus vidas para lograr prosperar. De esta manera, la soledad e incluso la depresión son bastante comunes entre aquellos que quieren una vida de soledad. Otra consecuencia de estar aislado es la ansiedad social. Esto suele ocurrir cuando un solitario es obligado interactuar con otras personas, como suele suceder en la escuela, en el trabajo o en un entorno social en el que están interactuando muchas personas. Aunque pueden desarrollar suficiente coraje para enfrentarse a esta ansiedad cuando es necesario, cada vez que sea posible suelen evitar cualquier situación que requiera que ellos interactúen con otras personas. La ansiedad social puede ocurrir incluso en los escenarios más mundanos, como en la compra del supermercado, comer en un restaurante o cualquier otra situación en la que el solitario se encuentre un entorno más poblado.

. . .

2.- **El perfeccionista**

Suele ser bastante común que los perfeccionistas sean aquellos que fueron criados por padres ambiciosos.

En vez de ser apreciados por quienes serán cuando eran niños, los perfeccionistas sufrieron el trauma de siempre ser criticados por sus padres, siempre quedándose cortos y nunca logrando cumplir las expectativas tan elevadas. Una vez que salen de casa, estas personas tienden a llevar las voces de sus padres en sus mentes por el resto de sus vidas. En cualquier momento en el que intentan lograr algo, van a escuchar la voz de uno o de ambos padres diciéndoles la forma en la que pudieron haberlo hecho mejor, más rápido o que pudieron haber aspirado a una meta mucho más valiosa. Incluso cuando sus padres ya hayan muerto, sus voces continuarán presentes en sus mentes por el resto de sus vidas.

En efecto secundario bastante común de un perfeccionista es el desarrollo del odio por uno mismo. Después de todo, es difícil apreciarse a sí mismo cuando eres constantemente definido como un ser debajo del promedio o incluso como un fracaso. Eventualmente, estas duras críticas se internalizan, creando no sólo una baja autoestima, sino un verdadero odio por sí mismo. A menor grado, muchos de los perfeccionistas simplemente son demasiado duros consigo mismos, nunca están felices con su desempeño o con sus vidas en general. Esto puede resultar en que ellos pasen toda su vida tratando de lograr una meta que nunca podrán alcanzar, es decir, la perfección.

Además de ser demasiado duras consigo mismos, los perfeccionistas también son demasiado críticos con los demás. Esto puede ser un verdadero problema cuando se trata de establecer relaciones interpersonales significativas, ya que su constante crítica puede parecer negativa y malintencionada para los demás. Irónicamente, no todos los perfeccionistas consideran que la crítica es negativa.

En vez de eso, lo identifican como una señal paternal de afecto. Así, cuando otras personas se sienten frustradas con las críticas constantes, el perfeccionista puede sentir que no es comprendido. Después de todo, en su mente, simplemente estaban tratando de hacer que la persona sacará lo mejor de sí misma, de la forma en la que cualquier padre o pareja amorosa querría.

3.- **El social**

Las personas que son demasiado sociales son un tipo de personalidad que puede ser difícil de detectar al inicio.

. . .

La mayoría de las veces, estas personas parecen ser demasiado felices y llevaderas; por lo tanto, es difícil considerarlas como el producto de una crianza disfuncional. La señal reveladora de que una persona es demasiado social toma la forma de ser incapaz de crear relaciones cercanas e íntimas que sean duraderas.

Por lo tanto, las únicas personas que descubren que alguien es un individuo social pero con problemas son aquellas que intentan volverse cercanas a él de una manera significativa y real.

Las personas que encajan con esta categoría suelen ser aquellos que han tenido una infancia emocionalmente problemática. Este puede ser el resultado de ser criado por padres pasivos que han fracasado a la hora de proporcionar cualquier tipo de conexión profunda y significativa a nivel emocional. Sin embargo, una condición emocional mal desarrollada también puede ser el resultado de un niño que ha sido criado por padres que lo han rechazado. Una falta general de amor profundo y aceptación puede tener como resultado una persona que nunca es capaz de involucrarse emocional y profundamente con otra persona. Para algunos individuos, esto se debe al miedo a ser rechazados en el futuro; por lo tanto, abandonan una relación cuando sienten que todo es feliz y bueno. Por otra parte, simplemente puede ser por la inhabilidad de la persona a experimentar un apego emocional profundo y duradero ya que nunca lo desarrollaron de niños.

Aunque las personas sociales con problemas pueden llevar una vida productiva y que parece bastante normal, siempre van a sufrir el dolor o de nunca haber tenido una relación duradera y significativa que le proporciona satisfacción y propósito a su vida. Sin embargo, esto tampoco significa que estas personas no realicen estas actividades. Muchas personas sociales superan todas las expectativas y llegan a casarse, aunque suele pasar que estos matrimonios no duran mucho, terminan en divorcio cuándo es el momento de que la persona social pase a su siguiente interés.

4.- **El empático**

Los simpáticos son una raza extraña, suelen venir de infancia es que están repletas de dolor, abuso y otros traumas importantes. Suele ser bastante común que los empáticos son hijos de padres emocionales, aquellos que crearon un entorno emocionalmente inestable, impredecible e indeseable. Ya sea que estos padres fueran físicamente abusivos o sólo emocionalmente abusivos, el hecho es que sus hijos pasaron sus años más vulnerables sufriendo de miedo, confusión y dolor. Este dolor es el que suele hacer que la persona se vuelva empática en primer lugar.

Lo que diferencia a los empáticos de las personas ordinarias es su habilidad inherente para conectar con el dolor y el sufrimiento de otra persona.

Mientras que muchos pueden considerar esto como algún tipo de superpoder, la oscura verdad es que puede ser la consecuencia de una persona que sufrió mucho dolor y sufrimiento en su propia vida. Sólo cuando una persona conoce el dolor se puede relacionar con el dolor de los demás. Esta habilidad de sentir el dolor de otras personas puede hacer que el empático ignore sus propias necesidades para lograr completar las necesidades de la otra persona, lo que ayudará a esa persona a superar o incluso a evitar el dolor y el sufrimiento en primer lugar. Por lo tanto, los empáticos suelen ser abnegados, por lo general hasta el punto de ponerse a sí mismos en peligro ya sea por no cuidarse a sí mismos o aceptando más de lo que pueden manejar en un intento de ayudar a tantas personas como puedan.

Los empáticos suelen ser de naturaleza muy noble, pelean por causas humanitarias y similares cada vez que pueden.

. . .

Su nobleza está en el corazón mismo de su personalidad empática. Es bastante común que una persona se vuelva empática como un intento de liberar al mundo del sufrimiento y del dolor que experimentó cuando era un niño o niña. Paso a sus vidas intentando ser el opuesto a sus padres que le causaron mucho trauma, por lo que se vuelven la cura del dolor y del sufrimiento en vez de la causa.

Por desgracia, sus esfuerzos por ser el opuesto a sus padres pueden llegar a consumirlos, resultando en una vida que ha sido desperdiciada por o huir del pasado y nunca haber creado un futuro para ellos mismos. Aunque sus esfuerzos son positivos por su naturaleza y suelen ser positivos en el resultado, la mayoría de los individuos empáticos sufren de soledad, depresión y otros problemas emocionales y psicológicos debido a su exposición constante al dolor y el sufrimiento de aquellos que los rodean.

5.- **El culpable**

Un tipo de personalidad similar al empático es el del culpable. Por desgracia, este tipo pone un giro bastante negativo en el intento de calmar el dolor y sufrimiento de otras personas. En vez de simplemente intentar superar y prevenir el dolor, las personas culpables intentan asumir la responsabilidad por el sufrimiento de los demás.

Sienten que el dolor y sufrimiento es su culpa; por lo tanto, pasan toda su vida intentando complacer a los demás como una clase de penitencia para redimir su culpa.

Los niños que crecen para ser culpables pudieron haber sido criados por padres que los rechazaron, padres ambiciosos o padres emocionales.

Aquellos que fueron criados por padres que lo rechazaron pueden rastrear su culpa hasta la baja autoestima creada por el constante rechazo, degradación y humillación practicada por sus padres. Esta baja autoestima puede hacer que la persona sienta que puede afectar de forma negativa la vida de los demás simplemente por estar presente. Una consecuencia común es que se siente responsable del dolor y del sufrimiento de los demás incluso cuando claramente no están relacionados con el dolor y el sufrimiento en ninguna manera, clase o circunstancia.

Aquellos que han sido criados por padres ambiciosos y pueden rastrear su culpa hasta el trauma de nunca ser considerados suficientemente buenos. La constante experiencia de nunca cumplir con las expectativas puede hacer que la persona sienta que es una decepción para cualquiera y que el dolor y sufrimiento de los demás es, de alguna manera, debido a sus errores. Pasarán toda su vida intentando perfeccionar la vida de los demás de cualquier manera que les sea posible, eliminando así el dolor y el sufrimiento.

Por lo general, las personas culpables son producto de padres emocionales.

Después de todo, es un rasgo común de los padres emocionales el hecho de echarle la culpa de su ira, depresión o tristeza a sus hijos, lo que hace que el niño se sienta responsable por el dolor y el sufrimiento de todos los involucrados en su vida. Por lo tanto, los hijos de padres emocionales se echan la culpa en cualquier momento en el que una persona se enoje, se sienta triste o molesta, incluso cuando no haya una razón lógica para hacerlo. Simplemente sienten que incluso si ellos no han causado el dolor, tampoco hicieron nada para prevenirlo.

Las personas culpables están destinadas a vivir una vida definida por la culpa de y el miedo, constantemente usando su tiempo y energía intentando arreglar las cosas que no fueron su culpa. Las otras personas en su vida podrían ni siquiera ser abusivas en el fondo, sin embargo, eso no va a detener a la persona culpable de reaccionar de la misma manera en la que él hubiera hecho cuando era un infante y sus padres le echaban la culpa de todo lo que salía mal. Por desgracia, esta mentalidad suele hacer que la persona busque una relación abusiva que le permita actuar de la única manera en la que sabe, en un rol constantemente culpable y sumiso. Lo que es aún peor, se van a echar la culpa a sí mismos cuando las cosas salgan mal en su propia vida, en vez de permitir que las otras personas reconozcan el rol que jugaron otras personas y eventos en los resultados de la vida de una persona.

6.- **El vampiro**

El término vampiro puede ser utilizado para describir varios tipos de personalidades diferentes. Por una parte, puede indicar a una persona en que absorbe la vida de los demás, constantemente drenando la energía emocional, mental y física de las otras personas. Pueden ser dependientes y con muchas necesidades, o simplemente pueden ser tan demandantes que las otras personas tienen problemas para mantener el ritmo. En cualquier caso, estas personas nunca invierten energía en sus relaciones.

Más bien, constantemente absorben energía, de forma similar a la que un vampiro chupa la sangre de su víctima.

. . .

En este caso, no obstante, el término "vampiro" se utiliza para sugerir que una persona parece estar carente de cualquier tipo de emoción. No estando ni vivo, ni muerto, este individuo es equivalente a un muerto viviente respecto a lo emocional. No hace falta decirlo, se puede rastrear las cualidades no emocionales de un vampiro hasta su crianza, que suele ser a manos de padres pasivos. La falta de desarrollo emocional durante los años de infancia de una persona suele resultar en una vida adulta prácticamente sin emociones. Ni feliz ni triste, el vampiro simplemente existe en un estado emocional muerto.

Los vampiros pueden llevar vidas prácticamente normales, mantener un trabajo respetable y ser un beneficio para la sociedad en general. El verdadero problema surge de su habilidad para crear lazos emocionales profundos con otras personas. Muchos vampiros eligen una vida de soledad, aunque no por el miedo o repulsión hacia las otras personas, cómo es en el caso de los solitarios. La otra opción es que los vampiros pueden crear relaciones con otros vampiros, lo que resulta en un matrimonio carente de emociones que se parece a una relación de compañeros de cuarto en vez de una pareja.

. . . .

7.- **El pensador irracional**

Los pensadores irracionales casi siempre son el resultado de un niño que fue criado por padres emocionales. A diferencia de los que sienten culpa o de los empáticos, en vez de dedicar sus vidas a evitar el tumulto emocional de sus padres, estos perpetúan el ciclo, llevando la devastación emocional a las otras personas que están involucradas en sus vidas. Los pensadores irracionales son aquellos que limitan a sus padres emocionales, y suelen echarle la culpa a esos mismos padres de su inestabilidad emocional.

Como es evidente, los pensadores irracionales no son difíciles de identificar. Son aquellos que perciben incluso el menor problema como un desastre monumental.

Hacen que todo se vuelva una catástrofe. Los pensadores irracionales suelen amplificar cualquier pequeño problema para volverlo virtualmente algo masivo. Si las servilletas y los vasos no combinan en la fiesta, entonces la fiesta está arruinada. Si el pavo está un poco seco de un lado, entonces la Navidad se ha arruinado. En pocas palabras, los pensadores irracionales encuentran cualquier excusa en cualquier situación normal o un poco desventajosa para transformarla en un completo desastre, uno en el que se van a sentir enojados y le van a echar la culpa a todos los demás por haber provocado su sufrimiento, que en realidad fue creado por ellos mismos.

. . .

Otra característica común entre los pensadores irracionales es minimizar la bondad de los demás, por lo que eligen concentrarse en sus errores y fracasos. A diferencia de los perfeccionistas que se concentran en las imperfecciones de una persona a nombre de la mejora personal, los pensadores irracionales se concentran en las imperfecciones con el objetivo de degradar a la otra persona. En su mente, es todo o nada, perfección o fracaso total. Ya que no puede existir una persona, cosa o experiencia que pueda ser perfecta, los pensadores irracionales tienen una cantidad infinita de razones para montar en cólera, deprimirse o cualquier otra emoción negativa que elijan.

Esto incluye la paranoia, en la que terminan creyendo que las otras personas en sus vidas están intentando activamente molestarlos, arruinando su vida con un acto insignificante a la vez.

8.- **El represor**

Por último, están los represores. Son aquellas personas que eligen reprimir sus emociones, tanto las buenas como las malas, ya que no saben cómo expresarlas de forma saludable y productiva. Es bastante frecuente que los represores sean hijos de padres emocionales. La causa está en que, a diferencia de los hijos de padres pasivos, ellos poseen emociones muy fuertes. Por desgracia, sus experiencias de la infancia les enseñaron los peligros de esas emociones fuertes, en especial las del enojo, odio y miedo. Sin embargo, a diferencia de los pensadores irracionales, los represores están obligados y determinados a no volverse como sus padres abusivos quienes les causaron demasiado daño y sufrimiento.

Una característica frecuente en los represores es la tendencia a contener las emociones negativas como la ira.

En vez de ponerse a pelear o a liberar su frustración por alguna causa, los represores se vuelven particularmente silenciosos cuando enfrentan una emoción negativa.

Esto se debe a que tienen miedo de no ser capaces de controlarse a sí mismos si permiten que sus emociones sean expresadas. En consecuencia, se vuelven silenciosos y se distancian durante todo el tiempo que dure la energía negativa. Eventualmente, van a salir de su encierro, interactuarán con las personas de forma normal y saludable una vez más, pero sólo cuando su ira y enojo se haya disipado por completo.

. . .

A primera vista, esto no parece una forma mala de lidiar con ser criado por padres emocionalmente abusivos. Por desgracia, la apariencia pasiva de este tipo de personalidad que esconde un tono vicioso, una que suele causarle al represor un gran dolor emocional e incluso físico. La simple realidad es que cuando una persona reprime o suprime sus emociones negativas, esas emociones se van hacia adentro, lo que hace que la persona se enoje consigo misma.

Este enojo puede resultar en cosas como depresión, actos de autolesiones o incluso en pensamientos suicidas en los casos más extremos. Incluso cuando la represión emocional no produce esas severas consecuencias emocionales y psicológicas, puede causar problemas físicos como úlceras, presión arterial alta e incluso aumenta el riesgo de un infarto.

Al final, por no liberar sus emociones negativas y la presión que esas emociones crean, los represores se vuelven una bomba de tiempo de energía y dolor acumulados que espera explotar o, de otra forma, consumirlos totalmente de adentro hacia afuera.

4

Pensamientos de duda y cómo cambiarlos por medio del amor propio

LA MAYORÍA de las personas cometen el error común de creer que su felicidad es totalmente dependiente de sus circunstancias. Como resultado desarrolla un estado mental que se concentra en lo que se conoce como pensamientos de duda, de "si tan sólo". Estos son los pensamientos que dicen "sería feliz si tan sólo tuviera un mejor trabajo" o "sería feliz si tan sólo tuviera más amigos". La creencia de que las circunstancias pueden proporcionar la felicidad está enraizada en la mente de la mayoría de las personas gracias a medios como la publicidad, en la que se muestra que los productos, profesiones e incluso la tragedia de crédito que usas pueden crear directamente la felicidad que tanto anhelas.

· · ·

Por desgracia, esto no es otra cosa que una gran mentira, una que sirve para aprovecharse de las desgracias y la infelicidad de las personas con el objetivo de vender productos y, por lo tanto, volverse ganancias. La realidad es que, aunque tus amigos y tu trabajo puedan afectar tu felicidad, no pueden y no van a *crearla*. La felicidad es un estado mental; como tal, proviene del interior, no del exterior. Por lo tanto, es muy importante que desarrolles tu felicidad sin importar las circunstancias externas. La mejor manera de lograrlo es por medio del amor propio. En este capítulo vamos a hablar de algunos de los pensamientos de deuda más comunes, explicando el impacto que tienen en la vida de una persona, así como también hablaremos de cómo cambiar estos pensamientos al crear una mentalidad que gira alrededor de la alegría, la gratitud y, más importante, en el amor propio.

Si tan sólo tuviera una mejor carrera

Si le preguntas a la persona promedio en la calle y si es o no feliz con su trabajo, solamente cerca de la mitad te dirán que son felices. Esto significa que el 50% de las personas no están satisfechas con su trabajo a un nivel significativo. Algunos creen que son sobreexplotados; otros se quejan de que no les pagan lo suficiente. Muchas personas sienten que su trabajo no les inspira, que les falta cualquier tipo de reto, desarrollo o crecimiento personal.

A pesar de estas quejas, la mayoría de las personas vive una vida relativamente feliz y satisfactoria sin importar el trabajo que tenga. Sin embargo, esto no es verdad para aquellos que tienen una mentalidad de duda. Estas son las personas que creen que la felicidad depende de sus carreras. Por lo tanto, viven su vida por medio de la noción de que serían más felices si tan sólo tuvieran una mejor carrera.

Lo normal es que la mayoría de las personas que desean un trabajo mejor desean sentirse satisfechos con su vida laboral o tal vez quieran ganar más dinero. No obstante, en el caso de las personas que fueron criadas por padres emocionalmente inmaduros, sus razones son diferentes.

Estas son las personas que siempre se sienten avergonzadas, como si nunca fueran lo suficientemente buenas. En su mente, un mejor trabajo las haría una mejor persona, ganando así el respeto y el aspecto que sus padres nunca les dieron. Por desgracia, ningún trabajo puede proporcionar la satisfacción que tanto anhelan. En su lugar, las voces de sus padres suenan constantemente en sus mentes, diciéndoles que no son lo suficientemente buenos, no importa que trabajo tengan.

La única manera de romper con el círculo de negatividad es darse cuenta de que sus padres ya no están a cargo. El individuo es quien está a cargo. Depende de la persona decidir si su trabajo es suficientemente bueno o no.

Depende de la persona decidir si quiere buscar algo mejor o quedarse como está. Lo más importante es reconocer que, no importa lo que digan los padres, todos somos más que suficiente. Eres una gran persona. Aunque un mejor trabajo pueda proporcionar más dinero o más oportunidades de crecimiento, eso no te hará más digno de la felicidad. Todos merecemos ser felices tal y como somos. Este es el primer paso para reemplazar la crítica de los padres con el amor propio. Debes decidir que mereces la felicidad ahora, no después y no por circunstancias diferentes. Elige encontrar la felicidad en lo que ya tienes y en la persona que ya eres.

Otra forma de poner las cosas en perspectiva es reconocer que tu trabajo no es el responsable de hacerte feliz, más bien es el responsable de proporcionar la oportunidad de ganar un sueldo. Lo que haces con ese sueldo y con tu tiempo libre es lo verdaderamente responsable de hacer que tu vida sea feliz y satisfactoria. Cuando pases más tiempo haciendo cosas que te hacen feliz, le quitas la presión al trabajo de proporcionarte el significado y la alegría.

No definas tu vida con tu trabajo, más bien, puedes definir la por medio de tus intereses, pasatiempos y cualquier otra actividad que disfrutes hacerlo. Esas son las cosas que realmente importan, ya que son las que reflejan el tipo de persona que eres. Entre más tiempo pases haciendo cosas que te hacen feliz, más feliz serás con el paso del tiempo. Eventualmente, vas a reemplazar la sensación de sentirte inferior y que no mereces la felicidad con una verdadera felicidad e incluso con un sentido de propósito. Conforme sigas haciendo las cosas que amas, poco a poco comenzarás a amar tu vida más y más. Esto te proporcionará una sensación de amor propio más grande, algo que realmente mereces.

Si tan sólo me viera mejor

Otro planteamiento de duda bastante común con el que tienen problemas innumerables personas en su vida es la idea de que podrían ser más felices si tan sólo se vieran mejor. Es un pensamiento bastante horrible detener. Si lo piensas bien por un momento, te darás cuenta que las personas literalmente están diciendo que no son lo suficientemente bonitas para ser felices. La oscura realidad es que detrás de este pensamiento está, una vez más, la publicidad, la responsable de esta mentalidad.

Existen muchos comerciales que te prometen que encontrarás al hombre o a la mujer de tus sueños si tan sólo comprar su producto y transformados tu apariencia que de otra manera es insulsa. Esos comerciales incluso te muestran lo feliz que podrías ser contigo mismo una vez que te veas en el espejo y veas a alguien que es más atractivo de lo que eres en este momento. No hace falta decirlo, este es el típico caso de las grandes compañías que se aprovechan de la vulnerabilidad y del miedo de las personas comunes para ganar más dinero.

Aunque la publicidad es la mayor razón por la cual la mayoría de las personas se sienten inseguras por su apariencia, cualquiera que haya sido criado por padres que los han rechazado o por padres demasiado ambiciosos tienen otra razón más profundamente arraigada para sentirse de esta manera. Los padres que rechazan siempre son rápidos a la hora de criticar y humillar a sus hijos de cualquier manera posible, y la apariencia no es una excepción a esta regla. De hecho, la mayoría de los padres que rechazan a sus hijos les dicen que son feos, gordos, demasiado delicados o algún otro término degradante que apunte a algún defecto físico y apartándolos del resto del mundo hermoso. Incluso cuando lo hacen en forma de "broma" como suelen decir, estas críticas van directo al corazón del niño, degradando su imagen personal de maneras que pueden durar toda la vida.

Los padres ambiciosos nos son mejores, ya que suelen enfocarse en los pocos defectos físicos que su hijo podía tener envés de enfocarse en los numerosos aspectos de belleza y maravilla que sus hijos poseen. Esto puede hacer que la persona sienta que nunca se va a ver lo suficientemente bien, incluso cuando otras personas puedan envidia su apariencia física. De nuevo, la más importante romper el ciclo del autodesprecio y comenzar a ejercitar el amor propio que trae la verdadera felicidad y significado para tu vida.

El primer paso para reemplazar el autodesprecio que tus padres han creado con amor propio es cambiar el diálogo en tu mente. La mayoría de los hijos de padres que los han rechazado o de padres ambiciosos suelen escuchar constantemente cosas como "no eres tan bonita como todas las demás niñas" o "si tan sólo fueras más guapo".

. . .

La única manera de liberarse de estas devastadoras críticas es reemplazándolas con un diálogo positivo y amoroso. Pregúntate a ti mismo qué deseas que tus padres te hubieran dicho. Tal vez deseas que te hubieran hecho algo como "eres la niña más bonita del mundo" o "te estás volviendo un muchacho muy guapo". Por supuesto, todo los padres deberían decir cosas como éstas ya que deberían ver a sus hijos como las personas más maravillosas en el mundo.

El truco es volverse el padre que desearía saber tenido. Mírate en el espejo e imagina al niño pequeño que alguna vez fuiste. Luego dile a ese niño lo que tan desesperadamente quería escuchar. Cada una de las veces que te mires al Espejo, debes decirte a ti mismo o misma que eres la niña más bonita del mundo o que eres el hombre más guapo del mundo. Ámate a ti mismo de la manera en la que tus padres nunca lo hicieron. Así es como reemplazas el diálogo de autodesprecio con palabras de amor propio y apreciación personal. Una vez que hayas reemplazado el diálogo, tu imagen negativa propia será reemplazada con una positiva, una que te permite disfrutar la vida de la manera que deseas y mereces. Puede tomar algo de tiempo lograr este objetivo. Después de todo, has pasado toda tu infancia escuchando cosas negativas, así que le va a tomar un tiempo a tu mente aceptar las palabras positivas que nunca antes había escuchado.

. . .

Otra cosa es que debes considerar es lo tonto que es igualar tu apariencia física, la habilidad de ser feliz.

Repito, hay quieres donde la industria de la publicidad que es tan negativa para el bienestar de la persona promedio.

Vivir en una cultura que está dominada por el materialismo, el consumismo y la apariencia física puede causar que la persona más atractiva y exitosa se cuestione su propio valor personal. Por lo tanto, otra práctica positiva que puedes realizar es reconocer que las campañas de publicidad que relacionan la belleza con la felicidad no son más que mentiras. Cada vez que veas un comercial que te promete la felicidad si compras este o aquel producto, debes cerrar tu mente. De hecho, puedes ir un paso más allá y gritarle "¡mentiras!" a la televisión, anuncio o cualquier cosa que estés mirando. Esto va a reducir el impacto de influencia que esas campañas de publicidad tienen en tu sentido del valor personal, haciendo que te des cuenta de que mereces ser feliz y amado tal y como eres.

Si tan sólo tuviera más amigos

. . .

La popularidad es otra forma con la que se determina el valor de la vida de una persona en nuestra cultura materialista. Esta creencia se basa en que la mayoría de las personas populares suelen ser aquellos que tienen más dinero, mejores trabajos y una mejor apariencia.

Por lo tanto, la cantidad de amigos que una persona tenga suele ser una medida de qué tan feliz o qué tan exitosa es una persona. Cuando tienes más amigos de los que puedes, se considera que eres una persona muy exitosa. Por el contrario, cuando existen sólo pocas personas en tu vida, aquellos a quienes consideras tus verdaderos amigos, se te considera un fracaso. La idea de que el número de amigos que tenga una persona es igual a la cantidad de felicidad que experimenta no es un concepto nada nuevo, pero es uno que continuará causando mucho daño en la sociedad actual, así como en muchas sociedades del pasado.

Al igual que con los otros pensamientos de duda, la idea de que serás más feliz y tienes más amigos también puede ser rastreada a ser criado por padres emocionalmente inmaduros. Las personas que quieren más amigos suelen ser los hijos de padres pasivos, aquellos que les pusieron poca atención a sus hijos, por lo que impidieron un desarrollo adecuado de su habilidad para socializar y desarrollar amistades significativas. Aunque muchos hijos de padres pasivos crecen para hacer personas solitarias por elección, otros se vuelven solitarios porque es todo lo que conocen. Al vivir una infancia carente de conexiones emocionales, una persona se vuelve extraña para ese tipo de cosas. Por lo tanto, suelen ser una persona externa que mira hacia esta forma de vida como algo extraño y poco familiar. Sin embargo, en algunos casos pueden realmente desear la habilidad de vivir una vida como esa.

Esto es especialmente cierto si perciben que cosas como la cantidad de amigos está relacionada con el nivel de felicidad que pueden lograr. El truco aquí es escapar de esta mentalidad que han creado los padres y comenzar a desarrollar una mentalidad más saludable y más amorosa hacia uno mismo.

Aunque tener muchos amigos puede no ser la diferencia entre ser feliz o infeliz, la realidad de la situación es que no tiene nada de malo tener amigos. Así pues, si le tienes mucho miedo al acto de hacer amigos o crees que no eres merecedor de tener amigos, necesitas comenzar a cambiar tu sentido del valor propio. El primer paso es decirte a ti mismo que mereces ser feliz y, si eso significa tener amigos, entonces mereces tener amigos. Sólo cuando te hables a ti mismo y dejas que otras personas entren a tu vida es cuando puedes comenzar el proceso de hacer más amigos.

El siguiente paso es realmente comenzar a hacer amigos. Suele ser bastante común que esto comienza al encontrar a una persona y simplemente comenzar a conocerla.

Tener una charla casual y amistosa mientras esperas en la fila de la tienda o hablar con la cajera en la cafetería son maneras sencillas y seguras de establecer contacto con otras personas. Entre más cómodo te sientas con estas situaciones, más confiado te sentirás aceptando tu verdadera persona. Esto te permite abrirte a otras personas para que así puedas formar amistades más profundas y más significativas con ellas. Empieza pasando algo de tiempo en entornos más sociales, como pequeñas fiestas o reuniones en las que puedes conocer más personas y comenzar a hacer nuevos amigos. Al final, todo se trata de salir de tu zona de confort y descubrir un mundo nuevo, fascinante e interesante. La más importante que debes hacer, no obstante, es ser honesto sobre quién eres. Si tienes problemas para abrirte con personas nuevas, simplemente diles eso. Cualquier persona decente va a comprender la ansiedad social y suelen adaptarse a ese comportamiento para asegurarse de que la otra persona se sienta cómoda y feliz.

. . .

Aunque hacer más amigos pueda llevar a ser más feliz, no necesariamente es así en cada ocasión. Esto es especialmente cierto en el caso de que ya tengas un gran número de amigos. Una de las variantes de este pensamiento de duda es la idea de que más, más grande y mejor llevan a una mayor sensación de felicidad. En otras palabras, tener más dinero, lucir mejor o tener una casa más grande de alguna manera cambia milagrosamente tu vida y te trae la felicidad y la satisfacción que tanto deseas. Por desgracia, no hay un final para esta línea de pensamiento.

Es una búsqueda infinita que mantiene un destino final. De cierta manera, es un poco como una carrera en la que no hay una meta. Simplemente sigues corriendo más y más rápido, más y más lejos, y nunca te detienes. La única manera de dejar de correr en esa carrera infinita es eliminando la mentalidad de que la respuesta siempre estará más adelante. Las personas verdaderamente felices son aquellas que aprecian lo que tienen, donde se encuentran y, más importante, quienes son. Sólo cuando logres esta mentalidad puedes dejar de perseguir el objetivo que siempre se encuentra fuera de tu alcance.

Si tan sólo viviera en otra parte

. . .

Lugar, lugar, lugar. Este es el mantra de cualquier negocio. Para lograr tener éxito, es muy importante que el lugar en el que se encuentre tu negocio esté en la locación perfecta. Todo lo demás es secundario. Puedes tener el mejor producto en el mundo. Incluso puedes estar vendiendo el producto o al menor precio en el mundo.

Todo eso no tiene una consecuencia importante si tu negocio no está en el lugar indicado. Por lo tanto, el lugar en el que te encuentres es más importante que cualquier otra cosa.

Por desgracia, muchas personas creen que esta regla también aplica a la felicidad, no sólo al éxito en los negocios. Esto lleva a la idea de que una persona sería más feliz si tan sólo viviera en otra parte. Aunque el lugar puede ser lo más importante cuando se trata de crear un negocio exitoso, no va a hacer una diferencia real para cualquiera que se sienta infeliz con su vida. Si acaso, sólo proporciona una felicidad temporal, seguida de un regreso a la infelicidad general con la vida. En el peor de los casos, lleva a la persona a sentir que la felicidad no se puede lograr, por lo que acaba en depresión e incluso con pensamientos suicidas.

. . .

Para lograr reemplazar esta mentalidad con una más positiva y constructiva, el primer paso necesario es comprender de dónde viene esta idea en primer lugar. En la mayoría de los casos, cualquier noción de que la felicidad sólo se puede lograr al adquirir algo mejor de lo que ya se tiene viene de los padres ambiciosos. Cómo hemos mencionado antes en este libro, los padres ambiciosos son aquellos que nunca están satisfechos. En sus mentes, las cosas siempre pueden ser mejor de una forma u otra, y no van a descansar hasta que se hayan realizado los cambios necesarios. Por desgracia, nunca hay un tiempo o lugar que sea suficientemente bueno. Así, la felicidad siempre está fuera del alcance.

Si esta es la mentalidad con la que tienes problemas, es muy importante que reconozcas que la felicidad es un estado del ser, y que debe ser establecida en el momento y en el lugar presentes. Esto no quiere decir que no deberías soñar sobre estar en otra parte o hacer algo más, sino que significa que cambiar las cosas en tu vida no va a crear la felicidad, sino que sólo va a incrementar la felicidad que ya tienes. Por lo tanto, es muy importante que encuentres la felicidad en el lugar en el que vives en este momento, con la vida que ya tienes. De otra manera, sólo te vas a llevar a tu sentido de la insatisfacción contigo a donde sea que vayas, haciendo que el mejor lugar sea una decepción cuando no logre proporcionarte los resultados que esperabas.

En este caso, el truco es concentrarse en los aspectos positivos de tu vida en vez de las cosas malas. Cualquier hijo de un padre ambicioso estará programado para fijarse en las cosas malas y no en las buenas. Esto es justamente lo opuesto al amor propio o a cualquier tipo de amor.

Alguien que llena su corazón y su mente con amor descubre la belleza en todas las cosas, no sus errores.

Encontrarán una razón para estar felices incluso cuando las circunstancias no son las mejores.

Además, van a encontrar una razón para ser felices en cualquier lugar en el que vivan. Seguro, tal vez tienes el sueño de vivir en un lugar en particular como en la playa, las montañas o en algún lugar emocionante de la ciudad.

Sin embargo, eso no significa que no te puedas sentir feliz en cualquier lugar en el que vivas. Lo importante aquí es encontrar una razón para ser feliz, no razones para decepcionarse. Lo que hace a los padres ambiciosos tan peligrosos es que pueden tener un porcentaje de 95% y sólo se van a concentrar en el 5% faltante, no en los 95 puntos ya ganados. Esto crea una mentalidad de sentirse insatisfecho, incluso cuando las cosas son demasiado positivas. Simplemente con remover esta mentalidad, una persona será capaz de experimentar la felicidad en cualquier forma que sea real. Así, aprende a amar desde donde estás, concéntrate en todo lo positivo y no en las cosas negativas. Cuando desarrolles esta habilidad, eso te permitirá apreciar todos los aspectos positivos de ti mismo, por lo que vas a reemplazar la autocrítica con un sentido saludable de valor personal. Esto te va a permitir ser feliz, no importa dónde estés.

5

Los cuatro pasos para la sanación interna

Hasta ahora, este libro ha explicado los diferentes tipos de padres con inmadurez emocional las varias formas en las que pueden impactar la vida de una persona. Aunque descubrir la verdadera naturaleza de tu trauma de la infancia es un paso muy importante en el proceso de sanación, tan sólo es el primer paso. El siguiente paso es comenzar a tomar el control de tu bienestar emocional, y así terminando el control de tus padres emocionalmente inmaduros tenía sobre ti. Existen varias maneras para lograr este objetivo, cada uno con un método único para lidiar con los traumas emocionales que estás enfrentando.

Este capítulo revelará cuatro pasos específicos que te llevarán a la sanación interna que tanto deseas y mereces.

. . .

Cada paso individual producirá resultados medibles y que cambiará tu vida, pasos que van a mejorar exponencialmente tu bienestar general. No obstante, al combinar los cuatro pasos vas a lograr un nivel de bienestar interno que afectará cada parte de tu vida, incluyendo tus sentimientos, pensamientos e incluso tu bienestar físico. Por lo tanto, se recomienda que te tomes el tiempo y el esfuerzo para completar cada uno de los cuatro pasos explicados en este capítulo. Los pasos que te llevarán a la sanación interna son los siguientes:

1.-**Desarrollar el desapego**

Existen una gran cantidad de tradiciones religiosas y filosóficas en el mundo que intentan ayudar a las personas a superar el dolor y sufrimiento que experimentan en la vida. Uno de los métodos más comunes para lograr este objetivo es desarrollar el desapego al inicio, esto puede sonar un poco de naturaleza mecánica, como si se tratara de apagar tus emociones y volverte un androide virtual que no llega a sentir ni dolor ni felicidad. Sin embargo, este no es el propósito del desapego en lo absoluto. Más bien, el desapego es una habilidad que la persona puede desarrollar para protegerse de influencias perjudiciales, específicamente de personas que activamente quieren causar sufrimiento y dolor emocional. Así, al desarrollar el desapego puedes comenzar tu camino hacia la sanación interna al prevenir que suceda cualquier trauma emocional en el futuro.

De cierta manera, puedes pensar que esto es como control de daños. Una vez que evites que llegue a ocurrir más daño, puedes comenzar a reparar el daño que ya está hecho.

El primer paso es desarrollar desapego de las influencias emocionales que tienen tus padres sobre ti. Esta no va a ser una solución rápida. Más bien te va a tomar esfuerzo continuo y constante de tu parte. Puedes pensar en eso como desarrollar la fuerza física. Nadie espera que un día entres al gimnasio como una persona ordinaria y que, al salir, parezcas un atleta profesional después de solamente una o dos sesiones. Entre más fuerza quieras lograr, mayor es el esfuerzo que requiere. Esto también aplica a la fuerza emocional. Por lo tanto, es muy importante que te comprometas contigo mismo al proceso, inviertas el tiempo, energía y voluntad necesarios para que llegues a lograr el éxito que va a cambiar tu vida para siempre.

Un método efectivo para desarrollar este desapego es visualizar el acto de correr a tus padres fuera de tu mente.

. . .

Simplemente imagina que tu mente es una casa en la que vives. Tus padres han invadido tu espacio, exigiendo cosas y cambios en tu hogar con los que no eres feliz.

En vez de aceptarlo y dejar que controlen tu espacio personal, eliges sacarlos fuera y así recuperas el control de tu casa y de tu vida interior.

Tómate el tiempo necesario para claramente imaginar el proceso de correr a tus padres y cerrar la puerta después de haberlo sacado.

Al inicio, esto puede parecer como una mera fantasía o un deseo de satisfacción, pero, de hecho, es muchísimo más que eso. La imagen de sacar a tus padres fuera de tu "casa" es el primer paso para modificar tu mente, para que así vea a tus padres estando afuera y no adentro.

Mientras permitas que tus padres tengan acceso a tu bienestar mental y emocional, ellos van a arrebatar el control. No obstante, una vez que los hayas sacado, vas a recuperar el control de tus pensamientos y sentimientos.

· · ·

No solamente vuelves a estar a cargo, sino que también eliminas el impacto que tienen las palabras y acciones de tus padres en tu estado mental.

Aunque no puedas cambiar la forma en la que se comportan tus padres, puedes eliminar el impacto que su conducta tiene sobre ti. Al sacarlos fuera de tu mente puedes ignorar sus palabras y acciones, por lo que llegas a sentirte a salvo en el interior de tu mente, libre del daño que de otra manera causarían, así como te sientes a salvo de las personas no deseadas que están firmemente fuera de tu casa. Lo importante aquí es mantener fresca la imagen de tus padres fuera de tu mente. Incluso puedes crear mantras que te ayudarán a mantener esa mentalidad, cosas como "ya no son bienvenidos en mi casa" o "ya no me pueden controlar". Estos mantras te van a recordar que tus padres están en el exterior, lo que te permite estar a salvo y seguro en el interior.

2.- **Procesar la aflicción**

Uno de los elementos más devastadores del trauma emocional es la aflicción que crea. Esta aflicción suele existir sin que el individuo siquiera se dé cuenta de su existencia, haciendo que sea mucho más peligrosa. La simple realidad es que todos los niños merecen amor, comodidad y protección por parte de sus padres. Cuando no recibes estas cosas, una gran parte de tu alma se vuelve afligida. Por desgracia, ya que eres un niño, no siempre tienes el tiempo o la percepción necesaria para procesar y manejar esta aflicción.

En su lugar, tienes que desarrollar técnicas de supervivencia que te permitan soportar el trauma de vivir con padres emocionalmente inmaduros. No obstante, al ser un adulto que está buscando curar internamente los traumas de su pasado, es muy importante que te tomes el tiempo y el esfuerzo necesarios para procesar tu aflicción.

Una buena forma de hacer esto es por medio de la visualización. Imagina que te estás enfrentando a tus padres en una discusión acalorada. Decides hacerlos responsables del dolor y del sufrimiento que te han causado tanto de niño como de adulto. Tómate el tiempo de crear la situación en tu mente con mucho cuidado y piensa en todas las cosas que quieras decirle a tus padres. Ya que el ejercicio puede llevar a una gran cantidad de liberación emocional, es importante que te asegures de tener el tiempo y la privacidad suficientes antes de comenzar el proceso. Además, querrás desconectar o alejar cualquier dispositivo que te pueda distraer de tu ejercicio de visualización.

. . .

Una vez que hayas establecido tu espacio y la visión del encuentro puedes imaginar la historia completa, incluyendo las cosas que les quiera decir durante los argumentos que seguramente tus padres van a presentar en cada situación si fuera real. No obstante, en este caso, tú eres quien tiene todo el poder.

Tus padres sólo pueden contestarte si se los permites, lo que significa que tú tienes todo el control. Adicionalmente, puedes decir todo lo que quieras, usando el tono de voz que desees e incluso el lenguaje que quieras. Conforme disfrutas con tus padres, te puedes dejar a ti mismo sentirte enojado, molesto, triste o furioso, tantos como lo desees. Después de todo, el propósito de este ejercicio es liberar toda la aflicción acumulada. Así pues, necesitas liberar tus emociones y dejar que emerjan.

Si de verdad quieres un buen ejercicio, puedes llevar esto al siguiente nivel y utilizar la técnica de la silla vacía. Este ejercicio se trata de sentarte frente a una silla vacía, o dos en esta situación, ir realmente a actuar la escena verbal y físicamente, como si estuvieras ensayando para un papel en una obra de teatro. De nuevo, es importante que te sientas cómodo haciendo esto, por lo que tienes que asegurarte de estar completamente solo y que nadie pueda escucharte gritarle a tus padres imaginarios. Sólo cuando te sientas totalmente libre de expresarte a ti mismo es cuando serás capaz de dejar de vivir. Al utilizar la técnica de la silla decía puedes evitar, levantar los brazos, saltar y hacer cualquier tipo de cosa que harías si realmente estuvieras en una enorme discusión con tus padres. Entre más físico te pongas, más energía vas a liberar, y esto puede ayudarte a liberar tu mente y corazón de la aflicción y frustración que te han estado pesando toda tu vida.

Para obtener mejores resultados, puedes seguir tu confrontación con una película que te ayude a llorar.

Puede ser cualquier película. No tiene que ser sobre niños abusados o padres emocionalmente inmaduros. Lo único que importa es que logres llorar bastante después de haberte desahogado. Esto te ayudará a liberar incluso más energía emocional que pudo haber quedado bajo la superficie. Al final, quieres salir de esta experiencia sintiéndote exhausto emocionalmente, de forma similar a cómo se sentiría después de un triatlón o algún otro reto extremo que consuma cada gramo de la energía física que posees. Esto va a liberar tu corazón y mente para que así puedas comenzar a reemplazar los pensamientos y emociones negativas con pensamientos y emociones de amor, felicidad y buena autoestima que realmente mereces.

· · ·

3.- **Establecer barreras emocionales**

El tercer paso para lograr la sanación interna es establecer barreras emocionales. Para lograr comprender cómo funciona este paso, es necesario explorar el propósito de las barreras en general. La función básica de una barrera establecida es para crear un sentido de espacio.

Cualquier cosa dentro de la barrera es algo bueno, deseable o que te pertenece.

Cualquier cosa que se encuentra fuera de la barrera es algo malo, indeseable o que pertenece a alguien más.

Además, las barreras también proporcionan protección, al igual que las rejas, paredes y cosas similares. Por lo tanto, además de dividir lo bueno y lo malo, lo tuyo de lo de alguien más, las barreras también mantienen esas cosas que son buenas y que te pertenecen a salvo de las fuerzas de exteriores que pueden ser una amenaza. Esta función se mantiene igual para las barreras de todas las clases, incluyendo las barreras emocionales.

Cuando se establecen barreras emocionales, lo primero que se debe separar son tus emociones de las de las otras personas. Esto es especialmente necesario para el caso de tus padres. Ya que los padres emocionalmente inmaduros tienden a generar emociones negativas y la energía negativa que está asociada con ellas, es muy importante diferenciar entre tus emociones y las de ellos.

Cuando descubres pensamientos y emociones que son malos o que no te pertenecen es imprescindible que las pongas fuera de tu mente, creando una barrera que impide que invadan tu mente y que afecten tu salud y bienestar emocional y mental. Una vez que hayas creado esta barrera, sentirás que se te quita un peso de encima, como si una presencia indeseada de repente desapareciera de tu vida, llevándose con ella toda la negatividad con la que has estado lidiando toda tu vida.

Establecer esto parece un proceso sencillo, pero requiere un poco de atención adicional respecto a cualquier tipo de emociones que experimentes. En términos sencillos, cada una de las veces que encuentres una emoción o un estado particular de la mente, necesitas tomarte un momento para considerar su origen. ¿Realmente es tuya esa emoción? ¿Esos pensamientos te pertenecen? O, como suele ser el caso más frecuente, ¿se pueden rastrear esos pensamientos y emociones a otra fuente como pueden ser tus padres emocionalmente inmaduros? Cada vez que descubras un pensamiento o una emoción que no te pertenece, el truco es dejarlo ir. Puedes ir un paso más allá y arrojarlos fuera de tu mente, cerrando la puerta para asegurarte de que no vuelvan a entrar. Lo último que quieres hacer es permitir que esos pensamientos y emociones negativas se arraiguen en tu mente y hagan el daño para el que fueron creados. Por lo tanto, crea una barrera que mantenga los pensamientos y emociones indeseados y externos fuera de tu corazón y mente.

Esto te va a permitir aceptar sólo los pensamientos y emociones que proporcionen felicidad, paz mental y, más importante, salud y bienestar.

Otra manera de establecer barreras emocionales es determinando qué es aceptable y qué no. Por ejemplo, cualquier pensamiento o emoción que te haga sentir mejor sobre ti mismo debe ser bienvenido, no importa de dónde viene. Por el contrario, cualquier pensamiento o emoción que afecte negativamente tu confianza o tu Valor personal debe ser rechazado, incluso si tú eres el autor de esos pensamientos. Al tomar el control de la naturaleza de los pensamientos y emociones que tienen el permiso de quedarse en tu mente, asumes el control de la naturaleza misma de tu mente. Esto te va a permitir reemplazar las influencias negativas de mentalidades pasadas, la mayoría creadas por tus padres emocionalmente inmaduros, con mentalidades llenas de confianza, amor y esperanza.

El truco para cumplir con este objetivo es contemplar cada pensamiento y emoción que tienes y decidir si debes mantenerlo o expulsarlo. Si es algo dañino, mentaliza una imagen en la que tú mismo expulsas ese pensamiento fuera de tu casa. Por el contrario, si es algo positivo, imagina que lo invitas a quedarse y haces que se sienta cómodo en tu casa.

Conforme empieces a llenar tu mente y de pensamientos y emociones felices y positivos, mientras que remueve es toda la negatividad e indeseadas de todo tu ser, así es como vas a transformarte, reemplazando las imágenes negativas creadas por tus padres con imágenes positivas que te darán poder para alcanzar la felicidad, la satisfacción y el amor.

4.- Ejercitar el autocuidado

Sin duda, la mayoría de las personas que están leyendo este libro ya están familiarizadas con la vieja frase de "es mejor prevenir que lamentar". Aunque esto suele asociarse con el mantenimiento de la salud y bienestar físico de una persona, el hecho es que es igualmente cierto cuando se trata del bienestar y salud emocional de una persona. Lo que hace particularmente importante a este dicho es que después de haber dedicado el tiempo y el esfuerzo para lograr la sanación interna, lo último que deseas hacer es permitir que la negatividad regrese a tu corazón y a tu mente para deshacer todo el progreso que ya has logrado. Por lo tanto, una vez que has ganado el control de tus pensamientos y emociones, el siguiente paso es asegurarte de mantener ese control por medio del ejercicio del autocuidado.

Uno de los elementos más importantes del autocuidado es evitar la exposición a las personas altamente negativas. Esto puede incluir a tus padres emocionalmente inmaduros, pero también puede incluir a otras personas que son de naturaleza demasiado negativa. Cualquier persona que no propensa a la crítica, dudas, hostilidad o cualquier otro tipo de mentalidad o emoción negativa puede ser muy peligrosa para tu bienestar emocional. Al fin y al cabo, aunque estés en la etapa de la autosanación, todavía eres vulnerable ante las influencias negativas del pasado o a cualquier persona que las retome. Por lo tanto, cada vez que escuchas a las personas hablando de forma negativa, como puede ser menospreciando a alguien más, criticando a otros o simplemente quejándose de la vida en general, lo mejor que puedes hacer es alejarte de esas personas y evitar su energía negativa. No necesitas interrumpir las o pedirles que sean más positivas, simplemente aléjate y protégete a ti mismo de su influencia.

Otra forma importante del autocuidado es controlar tus propias reacciones emocionales a los eventos y a las personas. Puede ser demasiado fácil enojarse o frustrarse cuando las cosas no van de acuerdo con el plan, pero la reacción puede llevar a una mentalidad negativa que tendrá repercusiones a la larga. Entre más frustrado estés, más crítico te volverás con la vida en general, llevándote a desarrollar una mentalidad negativa que te aleja de la felicidad y el amor que deseas.

Por lo tanto, en cualquier momento que sientas que estás reaccionando de una forma negativa, es muy importante que te vuelvas consciente de ti mismo y que tomes el control de tus pensamientos, palabras y acciones para que éstos no tomen el control. Los trucos como contar hasta diez cuando sientes que comienzas a molestar te pueden hacer la diferencia entre reaccionar de forma volátil y arrepentirte en el futuro comparado con responder de una manera madura y positiva que mantiene las cosas en la dirección correcta. Al final, tomar el control de tus propios pensamientos y emociones es igual de importante, si no es que más, que cualquier otro paso del proceso de la sanación interna.

Por último, está el elemento del autocuidado que te dice que permitas que otras personas compartan la carga. Esto puede presentarse en muchas formas incluyendo el hallazgo de un mentor, acudir a terapia o simplemente al tener nuevos amigos. Al final del día, la vida es lo suficientemente difícil cuando tienes el amor y el apoyo de otras personas. Cualquiera que intente ir por la vida andando sólo, simplemente va a lograr que el camino sea más difícil. El problema con los hijos de los padres emocionalmente inmaduros es que se han acostumbrado a no tener el apoyo emocional que la mayoría de los otros niños tienen. Esto suele significar que nunca se permiten a sí mismos confiar en los demás lo suficiente como para dejar que les ayuden a compartir las penas de la vida.

Lo mejor que puedes hacer por ti mismo es superar este problema de confianza y comenzar a dejar que otras personas entren en tu vida. Esto te va a proporcionar el apoyo mental y emocional necesario para vivir una vida feliz y saludable. Ya sea que elijas hacer nuevos amigos con los que puedas pasar el tiempo y hablar de la vida, o que elijas encontrar tu camino por medio de un mentor o un terapeuta, lo importante es que encuentres personas con las que puedas hablar de tus miedos, problemas, esperanzas y sueños. Además de que estas personas te proporcionan consejos útiles cuando te enfrentas a los problemas, también pueden asegurarse de que nunca vuelvas a enfrentarte solo a un problema. Al tener a una persona cuidando de tus espaldas figurativamente puede hacer una gran diferencia cuando se trata de superar las situaciones difíciles de la vida.

6

Cómo practicar el autocuidado y liberar tu potencial

Cualquier persona que haya sufrido una herida física severa sabe la importancia de la terapia diaria para lograr la rehabilitación. Cuando un individuo practica ejercicios diariamente es capaz de recuperarse de su trauma físico mucho más rápido y más completo que alguien que no ha logrado esforzarse de manera regular y significativa. Este mismo principio se mantiene cierto en el caso del trauma y lesiones emocionales. Para lograr una recuperación completa y a tiempo de las heridas infligidas por los padres emocionalmente inmaduros, la persona necesita practicar el autocuidado de forma diaria. Esta práctica te permitirá eliminar toda la energía negativa de tu corazón y mente, lo que permitirá liberar todo tu potencial para vivir una vida llena de felicidad, significado y satisfacción.

. . .

En este capítulo vamos a hablar de las técnicas de auto-cuidado, junto con los beneficios únicos que cada una tiene para ofrecer. Ya sea que elijas practicar una técnica o varias de ellas, la más importante es que logres tener la mentalidad correcta. Necesitas reconocer que estas técnicas están diseñadas para permitirte manejar los pensamientos y emociones negativos y sacarlos fuera de tu corazón y mente. Por lo tanto, sólo debes involucrarte estas prácticas cuando tengas el tiempo, el espacio y, más importante, la privacidad que necesitas para obtener los mejores resultados. Con el tiempo, los resultados de estos ejercicios comenzarán a mostrarse y descubrirás que tienes cada vez menos negatividad de la cual debes deshacerte. Esto te va a permitir saber qué estás en el camino indicado, aquel que te proporcionará la paz interior y la felicidad que mereces. Las siete técnicas más efectivas para autocuidado son las siguientes:

1.- **Escribir un diario**

Pocas cosas se consideran tan poderosas como la palabra escrita. La frase "la pluma es más fuerte que la espada" demuestra lo poderosa que puede ser la palabra escrita. Una razón para esto es que la persona pasa mucho más tiempo contemplando sus pensamientos y eligiendo sus palabras cuando escribe que cuando habla.

· · ·

Como resultado, tiende a ser más honesta sobre sus pensamientos y emociones, cavando más profundo de lo que haría si simplemente estuviera teniendo una conversación con alguien. Este acto de reflexión puede ser bastante efectivo para descubrir las heridas de la infancia que continúan causando problemas en la vida adulta.

Una vez que se hayan descubierto estas heridas, el proceso de sanación puede comenzar, por lo que se consigue la salud y el bienestar para tu corazón, mente y para tu vida en general.

Escribir un diario es una forma excelente de realizar una búsqueda profunda en el alma. Por otra parte, te obliga a sentarte y contemplar realmente tu mente y corazón. Esto te permite ver el verdadero rostro de las cosas que te persiguen y, por lo tanto, te permite comenzar a deshacerte de esos demonios de una vez por todas. Además, el simple acto de escribir tus descubrimientos puede servir como una forma de exorcismo, una forma en la que puedes transferir los pensamientos y emociones perjudiciales de tu mente al papel, el donde ya no podrán hacerte daño.

. . .

Otro beneficio de escribir un diario es que es totalmente privado.

Esto te permite compartir tus secretos más profundos y más oscuros, los miedos y los recuerdos sin ninguna consecuencia. Es probable que no seas tan abierto en una conversación verbal con otras personas. Aunque esas conversaciones pueden ser de utilidad de muchas maneras, la mayoría de las personas tienen miedo de lo que los demás van a percibir si les revelan sus traumas más profundos. Sin embargo, ya que nadie te está escuchando o leyendo, las palabras que escribas en el diario pueden liberar incluso los pensamientos, emociones y recuerdos más horribles de tu conciencia. Al inicio, puede parecer difícil ser tan abierto y honesto respecto a tus demonios interiores, pero, conforme te familiarizas con escribir en tu diario, descubrirás que te vuelves más honesto y abierto y, por lo tanto, te deshaces del dolor que te acechaba desde adentro.

Por último, escribir un diario también puede ser una herramienta útil para mantener un registro de tu progreso. Aunque tus escritos iniciales puedan estar desordenados y llenos de odio, miedo y enojo, los escritos posteriores van a reflejar a una persona que está más segura de sí misma, más feliz y que tiene una mayor sensación de paz interior.

. . .

Cuando te tomas el tiempo de comparar tus registros iniciales con los posteriores, descubrirás la evolución por la que ha pasado toda tu vida, una que te llevará de ser una víctima de padres emocionalmente inmaduros a una persona que es confiada, incentivada y llena de amor propio y respeto. Esto te dará una gran sensación de logro, lo cual sólo va a incrementar tus pensamientos y emociones de positividad.

2.- **Meditación**

Algunas veces, la mente de una persona es tan caótica que simplemente es imposible obtener un control positivo sobre todos los pensamientos y emociones que giran alrededor. Una forma comprobada de arreglar esta situación es la práctica de la meditación. Las enseñanzas más tempranas respecto a la meditación incluso se refieren a esta técnica con el nombre de "mente de mono", el estado mental caótico que evita que una persona se vuelva realmente autoconsciente. Superar esta mente de mono fue uno de los principales propósitos de la meditación en primer lugar. Por lo tanto, si descubres que no puedes organizar tus pensamientos y emociones lo suficiente como para involucrarte en técnicas de cuidado personal, como escribir un diario, tal vez quieras comenzar a practicar la meditación para lograr obtener la claridad en tu mente y corazón.

. . .

Existen muchas formas de meditación, cada una con una práctica única y con beneficios únicos.

Ya que no hay una forma que sea completamente correcta o errónea, es importante que intentes unas cuantas formas diferentes para lograr determinar cuál es la correcta para ti. Una buena opción con la que puedes comenzar es la que se conoce con el nombre de relajación progresiva o meditación del análisis del cuerpo. Esta es una meditación que te permite descubrir la tensión y la ansiedad dentro de tu cuerpo y liberarla por medio de la relajación de varios músculos que están afectados negativamente.

El primer paso es encontrar un lugar silencioso en el que no seas interrumpido por ninguna persona o distracción. Lo siguiente es sentarse en una posición cómoda, pero derecha, y cerrar tus ojos. Comienza a regular tu respiración de forma tal que inhalados lenta y profundamente para lograr relajarte. Debes comenzar con un extremo de tu cuerpo, suele ser en los pies, y te concentras en cómo se siente esa parte. Conscientemente debes relajar tus pies y los tobillos, visualizando una ola de calidez y de energía tranquilizadora que envuelve esa zona. Después, pasas a las piernas y repites el proceso. Eventualmente llegarás a la parte superior del cuerpo, liberando la tensión de tu cuello y cabeza. Esta forma de meditación te permite relajar la ansiedad de tu cuerpo y también desarrollar la habilidad de concentrar tu mente en una cosa a la vez.

Por eso es una buena técnica con la que puedes comenzar.

La segunda forma de meditación que puede resultar muy útil se conoce como meditación consciente. A diferencia de las otras formas de meditación, ésta puede ser practicada en cualquier lugar, sin importar el ruido, las distracciones y cosas por el estilo. El punto de esta forma de meditación es desarrollar la conciencia del momento presente. Esto ayudará al practicante a liberarse del hábito de obsesionarse con el pasado o el futuro y llenar su cabeza de estrés y ansiedad innecesarios. Los pasos para la meditación consciente son muy directos. En cualquier momento en el que te descubras obsesionándote con el pasado o con el futuro, simplemente debes volverte consciente del lugar en el que estás. Ya sea en el auto, en la tienda o en la regadera, eso no importa. Comienza a poner atención a las personas y a las cosas que te rodean, date cuenta de los detalles de las cosas como los colores, texturas y colores. Si te encuentras en un lugar público, comienza a mirar a las diferentes personas, poniendo atención a sus ropas, a su cabello o a cualquier otro detalle que pueda ser observado al instante. Una vez que hayas puesto atención a un detalle, pasa a la siguiente persona u objeto y piensa en los detalles de este. El objetivo es concentrarse completamente en las personas y en los objetos que te rodean, con lo que te vuelves consciente del lugar en el que te encuentras en el momento presente. Esto te ayudará a escapar del acto negativo de revivir el pasado y llenar tu mente de miedo y enojo, cosas que sólo te impiden apreciar las maravillosas cosas que están sucediendo en tu vida.

Por último, existe una forma de meditación conocida como meditación de adoración de la amabilidad. En esta práctica debes abrir tu corazón y mente a las energías positivas que te rodean, mientras también desarrollas el hábito de mandar pensamientos positivos y amorosos a las personas y a las cosas en tu vida. Como la mayoría de las formas de meditación, ésta debe ser practicada en un lugar libre de ruido o distracciones. Siéntate en una posición cómoda y derecha, cierra los ojos y comienza a respirar de forma relajada y constante. Después, empieza a visualizar las diferentes cosas o personas en tu vida, una a la vez, y desarrolla una respuesta positiva a la imagen.

Debes comenzar con las cosas que realmente te traen placer, ya que es más fácil sentirte bien sobre estas cosas que con las personas que te hacen sufrir. Así pues, si tienes un gato, perro u otro animal de compañía comienza con este. Siente el amor y la calidez hacia esa criatura y manda el mensaje de que lo amas y que lo aceptas tal y como es.

Repite este proceso, creando una sensación de amor y compasión hasta que puedas imaginar cómodamente a las personas que te han causado dolor y sufrimiento, como los padres emocionalmente inmaduros. Visualiza a tus padres y siente el amor y el perdón para ellos. Manda el mensaje de que los perdonas por el dolor que te han causado y que los amas a pesar de todo. Esto te va a permitir dejar ir los eventos que te han generado dolor y sufrimiento en tu mente mucho tiempo después de que ya han sucedido.

3.- **Visualización**

Una vez que hayas obtenido el control del contenido en tu corazón y mente, puedes comenzar a practicar la técnica de la visualización. Esta práctica es frecuentemente usada por algunas de las personas más exitosas en este mundo, y tienen muchas formas populares, incluyendo la tan conocida ley de la atracción. Básicamente, la visualización es el proceso de hacer que los sueños se vuelvan realidad. Pocas técnicas de autocuidado pueden curar a una persona de sus traumas y dolores del pasado, casi como la habilidad de crear y vivir una vida de ensueño. Por suerte, aunque este proceso requiere bastante tiempo y esfuerzo, es que, de hecho, algo muy fácil y directo.

El primer paso de la visualización es elegir una meta. Este objetivo puede ser cualquier cosa, incluyendo tener el trabajo de tus sueños, encontrar la casa de tus sueños o incluso conocer a tu pareja ideal. Nada es demasiado grande o demasiado pequeño para este proceso. Como tal, debes elegir visualizar perder diez o cinco kilos, lograr un ascenso en el trabajo o aumentar tu régimen de trabajo un 5% o un 10%. Algunas veces, el mejor camino es elegir metas pequeñas más realizables, ya que esto te permite desarrollar la habilidad de la visualización de una forma modesta, aunque medible.

Una vez que tengas en mente tu objetivo, visualízalo claramente. No tienes que pensar en cómo lo vas a lograr. Sólo tienes que imaginarlo en tu mente. Ya sea el trabajo perfecto, perder peso o la persona de tus sueños, comienza a llenar tu corazón y tu mente con la imagen de tu sueño y concéntrate completamente en eso. Visualiza tu sueño. Todos los detalles posibles, ya sea los números en la báscula, los rasgos físicos de la persona de tus sueños o el entorno de tu trabajo soñado. Lo importante aquí es que hagas una imagen lo más real y detallada posible.

El siguiente paso es añadirte a ti mismo en la imagen.

Imagínate a ti mismo parado en la báscula, visualizando tu peso deseado por primera vez. Puedes ir un paso más allá e imaginarte usando las ropas que te quedan perfectamente bien cuando llegas al peso meta. Por otra parte, te puedes ver interactuando con la persona de tus sueños.

Imagina que tienen una conversación increíble mientras están comiendo o que están paseando por la ciudad durante una tarde llena de diversión y romance. No importa cuál sea tu sueño, debes imagínate como una parte activa de éste, como si tuvieras viendo una película de lo que será tu vida cuando logres completar tu ambición de vida.

Por último, siente gratitud por haber logrado cumplir tu sueño. Incluso si no lo has logrado todavía, debe sentir como si ya la hubieras hecho. Uno de los pequeños secretos que comparten las personas exitosas es que pueden alinear sus pensamientos y sentimientos, lo cual desbloquea tu verdadero potencial. Por lo tanto, no es suficiente simplemente imaginar la vida de tus sueños. Y, necesitas sentir lo en el mismo centro de tu ser. Una vez que tu mente y corazón estén unificados, vas a descubrir las oportunidades que te llevarán a lograr esas cosas que tanto deseas, y, por lo tanto, hacer tus sueños realidad.

4.- **Yoga**

Así como unir tus pensamientos y emociones puede crear resultados poderosos, también lo puede hacer poner tu cuerpo y mente para tener un resultado poderoso. Una de las técnicas más comunes y efectivas para unir el cuerpo con la mente es la práctica del yoga. Esta práctica te permite explorar tus pensamientos y emociones más profundos mientras liberas el estrés y la tensión de tu cuerpo por medio de una gran variedad de estiramientos y posiciones diseñadas para incrementar tu sensación general de bienestar. Además, puedes elegir practicar yoga solo, en la comodidad y privacidad de tu casa o puedes elegir practicar con otras personas al estar rodeado de una gran cantidad de energía positiva de individuos con mentalidad de similares que buscan la salud, la felicidad y una mejor vida.

El primer paso para practicar yoga es obtener una instrucción apropiada, aunque el yoga es un ejercicio perfectamente seguro cuando se practica de forma apropiada, no quieres arriesgarse a una lesión como resultado de errores o intentar posiciones para las que no estás listo. Por lo tanto, tal vez quieras comenzar a practicar bajo la supervisión de un profesional que te pueda guiar en las etapas iniciales de tu práctica de yoga. Después, puedes adquirir videos instructivos que te permitan realizar cualquier nivel de yoga por tu propia cuenta.

Uno de los temas centrales del yoga es la respiración. Esto tiene dos propósitos principales. El primero es que hace que el practicante se vuelva más consciente del momento presente. Cuando te concentras en tu respiración, pierdes la habilidad de dejar que tu mente se distraiga con recuerdos dolorosos de la infancia o con pensamientos estresantes del futuro. Esto te ayuda poner atención en tu postura mientras practicas yoga, lo cual te asegura que estarás a salvo y que obtendrás el mejor resultado posible.

La segunda razón para concentrarse en la respiración es ayudarte a relajar tu cuerpo. Esto te permite estirar y moverte más libremente ya que tus músculos no están tensos. Además, esto ayuda a reducir cualquier tensión o lesión que puedan causar los músculos tensos cuando se practican algunas de las posiciones más avanzadas. Por lo tanto, si practicas con otras personas o tú solo, es muy importante que pongas mucha atención en tu respiración, ya que probablemente es el elemento más relevante del yoga.

El acto de concentrar tu mente y, así, liberarse de pensamientos y emociones negativos, en conjunto con el acto de liberar el estrés y la atención del cuerpo por medio de estiramientos y posiciones, hace que yoga sea una de las técnicas más compatibles con el cuidado personal en lo que respecta a la sanación del cuerpo y de la mente, libre de cualquier trauma del pasado. Conforme desarrollas la habilidad para concentrar tu mente, vas a lograr un mayor nivel de paz mental y tranquilidad. Esto te va a permitir dejar ir todo el dolor y sufrimiento, y podrá ser la persona feliz y amorosa que realmente eres. Además, al desarrollar una conexión con tu cuerpo, puedes incrementar tu sentido del amor propio y apreciación, por lo que reemplazas cualquier imagen negativa de tu pasado con un sentido positivo del ser que va a mejorar en todas las áreas de tu vida.

5.- **Terapia con arte**

Aunque la pluma puede ser mucho más poderosa que la espada, se dice que una imagen dice más que mil palabras. Por lo tanto, algunos pueden argumentar que el arte, no la escritura, es la forma más poderosa de comunicación y expresión. Dicho esto, existen muchos lugares que utilizan algo que se conoce como terapia con arte para ayudar a las personas a lidiar con los traumas de su pasado y liberarlas de una vez por todas de esos demonios internos. Aunque la terapia con arte puede producir los mejores resultados cuando se realiza bajo la supervisión y dirección de un profesional, el hecho de que puede producir cambios importantes y medibles cuando se practica solo en la seguridad de tu propio hogar.

Por lo tanto, si sientes la necesidad de expresar tus pensamientos y emociones por medio de algo más que la meditación o el ejercicio, la terapia con arte puede ser la técnica de autocuidado para ti.

Los psicólogos suelen usar pinturas y dibujos para determinar el estado mental interno de una persona. De hecho, se pueden apreciar la depresión, el enojo y otras emociones en los trabajos de maestros como Van Gogh, Monet y otros. Aunque el artista pueda tener la intención de que sus emociones no sean visibles en su trabajo, es inevitable que ocurra. Esto significa que el acto de pintar o dibujar es una técnica perfecta para descubrir y expresar tus pensamientos y emociones internas. Por suerte, no tienes que ser un artista profesional para hacer que el arte te ayude a liberar simplemente tienes que ser capaz de seguir tu inspiración y utilizar las formas, colores y texturas que se te vengan a la mente en el momento. Al fin y al cabo, expresar las emociones fuertes del arte es una forma muy efectiva de liberar la ira, el enojo y otras emociones que las palabras no pueden ser capaces de capturar por completo. Cuando se utiliza como una forma de terapia, la mayoría de las personas dicen sentir liberación después de la sesión artística. Mantener un cuaderno y un lápiz a la mano puede ser todo lo que necesitas para liberar tus frustraciones acumuladas y restaurar el sentido de calma y serenidad mental de una vez más.

La música es otra forma efectiva de terapia con arte.

Repito, no necesitas ser capaz de tocar un instrumento de forma profesional para obtener resultados de esta forma de expresión. Todo lo que necesitas hacer es ser capaz de usar un instrumento para hacer sonidos que vayan de acuerdo con tu humor. Puedes tocar las piezas bajas del piano para expresar emociones oscuras y así liberar esas emociones al universo, por lo que limpias tu corazón y tu mente. Por otra parte, tal vez quieras golpear en un tambor para liberar enojo y frustración. Las ceremonias con tambor son una práctica común en muchas tradiciones, y utilizarlo para exorcizar a los demonios y problemas mentales es algo que se ha realizado desde hace cientos e incluso miles de años. La clave está en expresar los pensamientos y emociones utilizando tonos y ritmos mejor los representen. Básicamente, estás utilizando un instrumento musical como la expresión de tu alma.

Por último, para aquellas personas que prefieren experiencia más física, existe la técnica de terapia con arte por medio de la danza interpretativa. En este caso, la persona mueve su cuerpo de tal manera que expresa cierta emoción o humor, o para contar una historia a aquellos que están viendo. Por suerte, no tienes que bailar en frente de una audiencia para lograrlo.

En vez de esto, simplemente puedes dejar que tu cuerpo comience a moverse de una manera que te permita expresar tu dolor y sufrimiento. Con el tiempo, por medio de movimientos y energía sentirás una sensación de liberación, como si la energía negativa se hubiera utilizado toda en tu ejercicio de danza. Puedes utilizar música que vaya de acuerdo con tu humor para inspirar tus movimientos de baile o puedes bailar en silencio, dejando que tus pensamientos y emociones se encarguen de todo.

6.- **Desarrollar la atención plena**

En este capítulo ya hemos hablado un poco de las técnicas de meditación consciente o de atención plena y el resultado que puede tener a la hora de mejorar tu estado mental general. Esta conciencia se puede lograr sin el proceso de meditación, algo bueno para aquellos que se sienten poco disciplinados para la meditación o para quienes quieren practicar algo libre de tonos religiosos o espirituales. Desarrollar la atención plena es algo que cualquiera puede hacer no importa en qué lugar se encuentre o las actividades que esté realizando. Los métodos son similares a la meditación consciente, pero algo más variados.

Un método para desarrollar la atención plena es poner atención adicional a tus alrededores.

No obstante, a diferencia de la meditación consciente, no tienes que pasar de una cosa a otra en una rápida sucesión. Más bien, debes detenerte en una cosa en particular todo el tiempo que quieras. La razón para hacer esto es obtener una comprensión más profunda del porqué una cosa desencadena una respuesta emocional en el interior. Por ejemplo, si pones atención a un aroma en qué crees que eres placentero, te puedes tomar el tiempo de preguntarte a ti mismo la razón del por qué te afecta de esta manera. Pregúntate si eso te recuerda algún placentero o si prefieres olores de ciertas categorías. Esta es una excelente forma de comprender mejor quién eres y la manera en la que tus alrededores impacta en tus pensamientos y emociones. Puedes hacer lo mismo con algo que creas que es visualmente placentero, como una obra de arte o la vestimenta de una persona. Lo importante aquí es que te vuelvas completamente consciente de una cosa en particular y de la forma en la que te influencia.

Otra técnica para desarrollar la atención plena es poner atención constantemente a cómo te sientes. Es bastante común que las personas simplemente pasan todo el día sin tomar en consideración ni una sola de sus pensamientos y emociones. Como resultado, esos pensamientos y emociones pueden influenciar las decisiones que toman sin siquiera darse cuenta.

Para volver a tomar el control de tu paradigma en la toma de decisiones, es muy importante que mantengas una atención plena constante de tu estado de bienestar general. En momentos aleatorios debes preguntarte a ti mismo cómo te sientes. Cuando descubras la respuesta, da un paso atrás y pregúntate la razón. Así es como desarrollamos la atención plena sobre tus sentimientos y emociones, pero también desarrollas la conciencia sobre las cosas que influencian esos pensamientos y emociones.

Cuando descubras la causa de tu estado mental puedes comprenderte mejor a ti mismo y las dinámicas de tu ser interior. Esto te puede ayudar a hacer consciente de las influencias que puedan tener un impacto negativo en tu mentalidad y, por lo tanto, puedes evitarlas y así mantener una mentalidad positiva. Por otra parte, también te puede ayudar a identificar aquellas cosas que te hacen feliz para que puedas ser más abierto a ellas y a las influencias felices y saludables que te proporcionan.

Por último, está el aspecto de ser consciente no sólo de dónde te encuentras, sino también de donde no te encuentras. Esto significa que cuando te encuentres obsesionándote con el pasado, puedes recordar de ti mismo que ya no eres ese niño indefenso y que tus padres ya no te pueden causar dolor y sufrimiento.

Al recordarte a ti mismo que ya no estás en el pasado, puedes reducir e incluso eliminar los efectos emocionales de los traumas pasados, dejando que se queden atrás, donde pertenecen. Puedes dar un paso adelante y concentrarte en los aspectos placenteros de tu vida actual. Esto puede ser tu trabajo, tus amigos o incluso tu mascota. Cuando te concentras en los aspectos felices de tu presente, puedes prevenir que el pasado dicte tu vida y, así, te das a ti mismo la oportunidad de reemplazar el dolor y el sufrimiento con felicidad, gratitud y amor.

· · ·

7.- **Terapia cognitiva conductual**

Algunas condiciones físicas, como la tos o un resfriado se pueden tratar con medicamentos que se están disponibles en el mercado. Sin embargo, algunas condiciones físicas como brazos rotos o cáncer no se pueden tratar de la misma manera. En su lugar, requieren atención médico profesional, así como medicamentos que me están disponibles para cualquier persona. Las condiciones emocionales funcionan de la misma manera. Aunque algunas personas son capaces de tratar y superar su sufrimiento mental y emocional con sus propias herramientas, otras personas necesitan la ayuda de un profesional debido a la complejidad y severidad de su condición. En el caso de que las técnicas de autocuidado ya explicadas a que no produzcan resultados evidentes, puede ser necesario que pidas ayuda a un profesional calificado.

Una forma de tratamiento que ayuda a curar el trauma emocional y mental es la terapia cognitiva conductual o TCC. Cuando todo falla, esta puede ser la mejor opción para volver a retomar el control de tu vida y curar el dolor y el sufrimiento de tu pasado.

En pocas palabras, esta terapia es el proceso de examinar las conductas y pensamientos irracionales y buscar una manera de reemplazarlos con pensamientos y comportamientos más racionales. El primer paso es tomar un pensamiento irracional y revelar sus fallas. Por ejemplo, una persona puede sentir que todos los demás la miran y la critican. No importa quién seas, esto no es verdad. Por lo tanto, el terapeuta examinará individualmente este proceso de pensamiento y demostrará que no es cierto.

Tal vez, lo primero que haga es rastrear su origen a los padres que rechazaron al niño y que constantemente lo criticaron. En una sesión grupal, esto puede lograrse al pedirle a la persona que cierre los ojos y que describa al individuo. La falta de descripciones detalladas puede demostrar la falta de interés de las otras personas, lo que demuestra la noción de que no todas las personas le están poniendo atención.

Este mismo proceso se puede utilizar para examinar conductas, creencias y pensamientos que suelen ser el resultado de una infancia problemática en la que el desarrollo emocional y mental de una persona fue obstaculizado o afectado y ha logrado distorsionar su visión de otras personas, eventos y de la vida en general. Ha sido una herramienta efectiva para superar cosas como problemas de enojo, baja autoestima, trastornos alimenticios y otras conductas que son dañinas para la persona o para la sociedad. Ya que esta técnica suele involucrar un entorno grupal, puede requerir mucho tiempo y esfuerzo antes de que el individuo se sienta lo suficientemente cómodo para abrirse y comenzar a cambiar su vida. Sin embargo, ya que será capaz de escuchar a otras personas hablar de sus problemas, puede ser una experiencia muy positiva, una que asegura que el individuo no se sienta solo en su dolor y sufrimiento.

Al final, el objetivo de la TCC es ayudar a la persona a recuperar el control de sus pensamientos, creencias y respuestas emocionales a la idea. La lección es que, aunque una persona no pueda controlar los eventos a su alrededor, puede controlar la forma en la que responde a esos eventos. Básicamente se trata de desarrollar habilidades de afrontamiento positivas en una persona que no tuvo la guía apropiada en su infancia.

Los estudios demuestran que esta técnica puede ser tan efectiva o más que los otros tratamientos convencionales cuando se trata de personas con adicciones y abuso de sustancias. Esto se debe a que las conductas dañinas no proporcionan realmente el alivio que prometían. Así se elimina la confianza en estas conductas y se reemplaza con unas más saludables para el individuo y todos los involucrados.

· · ·

La TCC también ha demostrado que es igual de efectiva que otros tratamientos convencionales para condiciones como el trastorno bipolar, trastornos de ansiedad y problemas del manejo de ira. En cada caso, los resultados fueron iguales al psicoanálisis, terapia de intervención e incluso el uso de medicamentos. Pero, quizás el descubrimiento más importante es que esta terapia, cuando se utiliza en conjunto con otro tratamiento, proporciona mejores resultados que reducen el tiempo de recuperación y disminuyen las probabilidades de volver a caer. En consecuencia, si tus necesidades emocionales requieren resultados que no pueden proporcionar las técnicas de autocuidado, tal vez quieras de la terapia cognitivo conductual y complementarla con una de las técnicas explicadas en este libro.

7

Cómo sanar la relación con tus padres

Cuando se trata de curar las heridas emocionales, pocas cosas son tan importantes como una fuerte sensación de cierre. Este cierre le permite a la persona trazar una línea en su vida, dejando el pasado en un lado y comenzar una vida nueva del otro lado. Sólo cuando puedes dejar tu pasado atrás es cuando puedes seguir adelante de forma efectiva y comenzar a vivir la vida que deseas. Hasta entonces, los recuerdos, arrepentimientos y dolores del pasado seguirán acosando tu mente, influenciando incluso controlando tu vida de forma muy negativa. Una de las mejores formas de encontrar el cierre respecto a una infancia traumática es sentarse y tener una conversación honesta con tus padres emocionalmente inmaduros.

· · ·

Esta conversación puede ser una de las cosas más difíciles que harás tu vida, pero también puede resultar una de las cosas más beneficiosas que puedes hacer en cuanto a lograr cambios positivos en tu vida. Además, esa conversación de verdad puede mejorar la relación que tienes con tus padres, por lo que proporciona más alivio para los traumas de tu pasado. Dicho esto, es absolutamente imprescindible que no comiences esta conversación con dudas. Más bien, necesitas asegurarte de que cada elemento de la situación sea cuidadosamente planeado para que tengas la mejor oportunidad de lograr los resultados que deseas. Este capítulo te va a revelar algunos de los elementos más importantes respecto a la estructura, planeación e iniciar esta conversación tan relevante.

Elegir el lugar correcto para la conversación

Lo primero que necesitas hacer cuando planeas tener una conversación honesta es elegir el lugar. De alguna manera, esto se puede considerar como el paso más importante, ya que elegir el lugar incorrecto puede hacer que las cosas no salgan bien incluso antes de haber comenzado. Por lo tanto, debes esforzarte para encontrar el lugar adecuado antes de comenzar a pensar otras cosas.

· · ·

Un error que sucede fácilmente es elegir un lugar que sea cómodo para ti, pero que no le es familiar a tus padres.

Muchas personas creen que al tener la conversación en este lugar se van a sentir a cargo, por lo que tendrán el control de la situación. Por lo tanto, invitan a sus Padres a su casa o a un entorno similar en un intento por reducir el control de sus Padres y no darles la ventaja del terreno.

Por desgracia, esta estrategia suele fracasar casi siempre.

La realidad es que las personas emocionalmente inmaduras se ponen a la defensiva cuando no se encuentran en su zona de confort, y los padres nos son una excepción. Por lo tanto, si intentas usar la ventaja del terreno, simplemente vas a hacer que tus padres se cierren desde el inicio, haciendo que tu conversación sea inefectiva.

Un error igualmente malo es que la conversación ocurra en la casa de tus padres o en algún entorno igual de cómodo en el que ellos tengan el control. Esto hará que tus esfuerzos sean en vano ya que tus Padres van a obtener fuerza de sus alrededores, lo que será más abrumador conforme avance la conversación. Por lo tanto, nunca pienses que tu determinación será lo suficientemente fuerte para superar esa desventaja. En vez de eso, elige un lugar neutral, algún lugar en el que ninguna de las partes tenga ventaja o desventaja.

Esto va a prevenir que tú y tus padres se pongan más a la defensiva o demasiado agresivos durante el tiempo que dure el encuentro.

Los lugares públicos como los restaurantes o los centros comerciales se pueden usar para crear un entorno neutral y seguro para tu conversación. Aun así, estos lugares tienen ciertas desventajas. Las otras personas que estén cerca de ustedes pueden hacer que te pongas demasiado autoconsciente y así te distraigan de tu misión. Esto puede hacer que evites decir cosas que realmente quieres decir o que expreses plenamente tus emociones. Por lo tanto, una mejor opción es un lugar neutral y lo suficientemente privado, como el parque, la playa o algún lugar en el que puedan hablar libremente sin sentirse expuestos. Además, este lugar va a permitir que cualquiera de ustedes se vaya repentinamente, a diferencia de un restaurante donde tienes que pagar antes de irte.

Comenzar correctamente la conversación

· · ·

Una vez que hayas elegido el lugar, el siguiente paso es pensar en el contenido de la conversación. Comenzar de mala manera la conversación también puede resultar en la derrota incluso antes de comenzar la batalla.

Lo más importante a la hora de comenzar la conversación es concentrarse en el futuro y no tanto en el presente. Si comienzas diciendo lo traumatizante que fue tu infancia, vas a crear una atmósfera de crítica y condena, la cual haría que cualquier persona se ponga a la defensiva, incluso más los padres emocionalmente inmaduros. Por lo tanto, comienza la conversación estableciendo tu intención, que quieres que tu relación con tus padres sea mejor de lo que actualmente es.

Establecer un objetivo que considera lo mejor para los intereses de ambos es una forma de demostrar intenciones pacíficas y benevolentes, algo con lo que tus padres pueden ser receptivos. La clave es hacer que tus padres se vayan abriendo conforme avance la conversación al asegurarles que tus objetivos son positivos, eso ayudará a que de abran desde el inicio. Además, al decirle a tus padres que quieres que mejore la relación, les das la oportunidad de presentar cualquier queja o deseo. Sólo porque sean emocionalmente inmaduros no significa que estén equivocados en cada tema. El hecho es que necesitas reconocer tus propios fallos respecto a tu participación en esa relación. Al final, esta conversación puede ayudar a que ambas partes crezcan.

Cómo evitar que exploten

Llevamos la mitad de la lucha. La otra mitad es asegurarse de que las cosas sigan su rumbo y que no se alteren por haber dicho algo que desencadene la tan temida explosión que va a acabar con tu conversación de forma permanente e inmediata. En consecuencia, es muy importante impedir que te arrastren a un debate o una discusión similar. En vez de eso, permite que tus padres expresen lo que quieran sin rechazar o juzgar sus opiniones. Incluso si sus opciones y frases son injustas, mentiras o incluso hostiles, es imprescindible que no dejes que la conversación se vuelva una discusión. Una vez que se forme una discusión, tus probabilidades de lograr un cierre, ni hablar de mejorar la relación, son nulas.

Recuerda que es probable que sólo tengas una oportunidad para hacer que funcione la conversación. Por eso es importante que hagas todo lo posible para asegurarte de cumplir tu objetivo en la primera oportunidad.

Un buen plan para evitar una discusión es mantenerte atento a tu estado emocional. Debes comprender que esta conversación no va a ser una experiencia agradable. Más bien va a ser algo estresante, incluso desde antes de llegar al lugar. Por eso tienes que utilizar todas las herramientas a tu disposición para mantener controladas tus emociones.

Lo último que quieres es perder la cabeza, reaccionar de forma hostil e irracional, haciendo que reduzcan tus probabilidades de éxito. Mantén la calma, no importa lo que digan tus padres. Tal vez necesites contar hasta cinco, diez o cien para mantenerte calmado y evitar reaccionar de forma negativa. Aun así, esos esfuerzos valdrán la pena si te ayudan a conseguir los resultados que deseas.

Otra buena estrategia es recordar palabras, expresiones faciales o cualquier otro movimiento que pueda provocar una respuesta demasiado emocional por parte de tus padres. Puede ser muy fácil poner los ojos en blanco cuando alguien diga algo irracional. Esa expresión puede desatar la ira de tus padres y acabar con la conversación.

. . .

Por eso, para lograr tener mayores probabilidades de éxito, deberías practicar frente al espejo, imaginando cada posible respuesta de tus padres. Practica quedarte tranquilo aun cuando contestes o reacciones a las peores cosas que te pueden decir tus padres. Incluso puedes hacer que un amigo se siente frente a ti, actuando como tus padres, lo que te ayudará a prepararte para respuestas inesperadas. Así desarrollarás la presencia necesaria para mantener las cosas bajo control, no importa que tan volátiles se vuelvan las emociones.

Cómo mantenerse fiel a sí mismo

Incluso con una cuidadosamente planeada introducción, entorno y estructura de conversación, todavía pueden existir muchos peligros escondidos que pueden afectar todos tus esfuerzos e intenciones. Uno de esos peligros es perderte a ti mismo en el momento. Una conversación de este tipo con padres emocionalmente inmaduros va a ser impredecible. La cantidad de obstáculos y agresiones de los padres puede ser suficiente para alterar la mente de la persona más preparada. Los padres emocionalmente inmaduros querrán controlar el tono y la naturaleza de cada conversación, y esta no será la excepción. Por lo tanto, es muy importante que tomes precauciones adicionales para asegurarte de mantenerte fiel a ti mismo y a tus objetivos, no importa lo que hagan tus padres.

Una buena forma de mantenerte fiel a ti mismo a lo largo de la conversación es escribir los puntos que quieres abarcar. No necesitas escribir toda la conversación, mejor escribe una lista de los temas importantes que crees que necesitan ser tratados y, con suerte, resueltos. Puede ser demasiado fácil imaginar que no perderías el hilo de tus pensamientos e intenciones ya que has pasado toda tu vida pensando en eso. Sin embargo, nunca debes subestimar el impacto que tienen tus padres emocionalmente inmaduros en tu mente.

Una vez que ellos cambien de tema, eso puede cambiar drásticamente el curso de la conversación y sólo la persona que está bien preparada puede tener oportunidad para recuperar el control. Aquí es donde la lista de temas va a prevenir que te pierdas a ti mismo en el intento de tus padres para secuestrar la conversación y cambiar el curso de la narrativa a su favor.

Es igual de importante mantener un registro de tus pensamientos que tener la mentalidad adecuada para esta difícil conversación. Es de vital importancia que te mantengas separado emocionalmente de la situación para prevenir que tus padres te manipulen a ti y a la situación con los trucos y las tácticas ocultas que han usado durante toda tu vida. Una forma de lograr este desapego es pensar en ti mismo como una persona externa que funciona como un mediador. Esta mentalidad evita que las palabras te afecten personalmente, por lo que te ayuda a mantener la mente clara. Imagina que eres un abogado intentando llegar a un acuerdo mutuo y que no tienes nada que ganar o perder. Cuando te liberas de la noción de perder o ganar, eliminas el miedo y la ansiedad de la situación, lo que te permite actuar con gracia, tacto y dignidad.

Cómo establecer límites de forma efectiva

Por último, hay que establecer barreras emocionales efectivas. Estas barreras sirven como reglas que aseguran un juego justo para todos. Muchas personas cometen el error de usar las barreras emocionales como una forma de salida de emergencia, una que permite interrumpir y correr cuando las cosas se ponen muy intensas. Aunque esto suene como un buen plan, puede tener el efecto indeseable de darle la oportunidad a una persona para renunciar antes de cumplir su meta. Al final, se supone que la conversación debe ayudarte. Por eso quieres quedarte hasta el final, cueste lo que cueste. No obstante, debes protegerte a ti mismo del daño y trauma innecesarios que los padres emocionalmente inmaduros pueden intentar infligirte en esas circunstancias.

Algunas de las barreras a establecer pueden incluir evitar la fijación con el pasado, los juegos de la culpa y volverse demasiado hostil. La única forma en la que tus conversaciones pueden tener resultados positivos es si se lleva a cabo de forma justa y decente. Por eso, cualquier cosa que atente contra la justicia y la decencia se puede considerar fuera de la barrera. Puedes hablar de estos límites al inicio, aunque eso puede tener un resultado no deseado al crear un tono hostil. Por lo tanto, se recomienda que resuelvas este problema cuando ocurra, mencionando lo poco saludable que es para tus intenciones de mejorar las relaciones.

Además de establecer límites para la conversación, también puedes estableces límites respecto al papel que juegan tus padres en tu vida a partir de ese momento.

Cosas como las actitudes controladas, interferencia en asuntos personales, abuso emocional y cosas similares pueden establecerse como acciones que no serán toleradas en el futuro. Tal vez quieras parafrasear los elementos de tu lista para que suenen algo menos críticos y más amables en el futuro. Incluso puedes buscar ejemplos específicos de conductas que no quieres que se repitan, por lo que evitas el uso de títulos y etiquetas que pueden ser pervertidos por motivos siniestros o inocentes.

Lo importante aquí es que establezcas una sensación de juego justo respecto a la relación que esperas tener con tus padres. Puede pasar algo de tiempo para que funcionen estas reglas, pero si las refuerzas de manera positiva, deberías ver cómo empiezan a influenciar su relación de forma positiva. Maneras en las que puedes reforzar tus reglas elegidas pueden incluir colgar el teléfono cuando tus padres te gritan en la llamada, mandar a tus padres a casa si es que llegan a invadir tu espacio o cualquier medida instantánea para acabar con esa conducta de forma inmediata.

Al fin y al cabo, todo se trata de evitar que tus padres te controlen de forma negativa, por lo que identificar y rechazar este tipo de conducta con dos pasos realmente importantes para lograr tu meta.

8

Cómo deshacerse de las relaciones tóxicas

LA HISTORIA TIENDE A REPETIRSE, en especial cuando no se aprenden las lecciones. Esto sucede en la vida de muchos hijos de padres emocionalmente inmaduros. En consecuencia, incluso cuando un individuo está a salvo y lejos de sus padres, tiende a gravitar hacia otras relaciones tóxicas. Estas relaciones tóxicas parecen algo normal para aquellos que siguen atorados en su pasado, aunque, cuando una persona elige dejar ir su pasado y comenzar a recuperarse, comienza a ver la naturaleza toxicas de todas sus relaciones. Esto tiene como resultado la necesidad de tratar de solucionar esas relaciones y la que tiene con sus padres.

Por desgracia, no siempre se pueden arreglar todas las relaciones.

. . .

Muchas están condenadas a permanecer en el estado tóxico, no importa cuánto tiempo y esfuerzo se les dedique para cambiarlas. En estos casos, el individuo necesita decidir si quiere permanecer en esa relación que siempre será tóxica o si desea dejar la relación, concentrándose en su propio bienestar emocional y general. En este capítulo vamos a hablar de algunas formas de terminar con una relación que no puede ser salvadas, incluyendo aquella con los Padres. Los tres temas principales respecto a las relaciones tóxicas son los siguientes:

1.- Qué es una relación tóxica

Una relación tóxica es exactamente eso, una relación que causa daños. Así como las plantas tóxicas pueden enfermar a una persona, las relaciones tóxicas también dañan física, emocional y psicológicamente. Cualquier relación que provoque sufrimiento, miedo, depresión y dolor es una relación tóxica.

Tal vez lo más importante que debes recordar aquí es que las relaciones más íntimas son las que pueden causar más daño. Por lo tanto, es muy importante reconocer y lidiar con este tipo de relaciones en el caso de cualquier persona que quiera dejar atrás el abuso emocional de una vez por todas.

2.- **Cómo reconocer una relación tóxica**

Las relaciones tóxicas pueden tomar muchas formas, por lo que puedes ver diferentes señales que te pueden ayudar a reconocerlas. Estas variedades van desde las expresiones pasivas y pasivo agresivas hasta lo agresivo.

Esto incluye todo tipo de abusos, incluyendo el psicológico, emocional e incluso físico. La mayoría de las relaciones tóxicas combinan dos o más señales, lo que significa que cada una de esas relaciones tóxicas es única.

Lo importante es ser capaz de reconocer las señales de una relación tóxica para lograr protegerte ti mismo de sus peligros. Las señales más comunes son las siguientes:

- **En la relación es unilateral.** Una de las características más comunes es que una persona dedica todo su tiempo y esfuerzo para hacer que la relación funcione. En contraste, la otra persona nunca contribuye al bienestar de la relación, más bien disfruta de todos los beneficios sin tener que esforzarse en lo más mínimo.

- **Te sientes nervioso constantemente.** Es diferente sentirse nervioso o cerca de un jefe o de alguien superior que tiene poder para hacer que tu vida sea buena o mala dependiendo de lo que piense de tu desempeño. Sin embargo, nunca debería experimentarse lo mismo en una relación personal. Por desgracia, muchas personas viven en relaciones en las que sienten que son analizados a cada segundo, lo que es emocionalmente agotador.

- **Existe un puntaje**. Los hijos de los padres emocionalmente inmaduros conocen muy bien el juego de los puntos. Es cuando las acciones tienen valores positivos o negativos. Lo peor es que las acciones positivas valen muy pocos puntos, mientras que las negativas valen mucho más.

- **Falta de privacidad**. No hay ningún espacio seguro, incluyendo los mensajes de texto, los contactos en tu teléfono o las redes sociales. No se respeta la privacidad. Es una señal de que tu pareja es demasiado insegura.

- **Siempre tienes la culpa**. Cuando todo es tu culpa, aunque no lo sea, es una relación tóxica. En especial cuando la otra persona nunca tiene la culpa y en vez de equivocarse, simplemente fueron malentendidos.

- **La otra persona es deshonesta**. Son personas que mienten constantemente. La honestidad es uno de los elementos más importantes de cualquier relación y, cuando no existe, la relación está condenada al fracaso.
- **Abuso**. Ya sea psicológico, emocional o físico, es abuso. Si la otra persona es abusiva contigo, significa que no tiene problemas para causarte daño, lo cual es bastante tóxico.

1. Cómo deshacerse de las relaciones que no son beneficiosas

Una vez que hayas visto las señales de una relación tóxica y han fracasado todos los intentos para mejorar la situación, el siguiente paso es deshacerse de esa relación por haber. Cuando te hayas liberado de todos los tipos de abuso es cuando puedes transformar tu vida por completo y lograr la felicidad, la salud y el amor. Sin embargo, dejar una relación tóxica no siempre es tan fácil. Requiere acciones específicas para asegurarse de que dejas esa relación de una forma que sea beneficiosa para ti y que el dolor y el sufrimiento no te van a perseguir en tus próximas relaciones. Los pasos más efectivos para deshacerse de las relaciones tóxicas de manera saludable son los siguientes:

- **Aceptar la situación**. Muchas personas permanecen en las relaciones tóxicas porque no aceptan la situación. Tal vez se queda esperando con la esperanza de que la otra persona cambie. Sólo cuando reconoces la severidad de la situación puedes comenzar el proceso.

- **Estar preparado**. La realidad es que terminar con una relación provoca tristeza, dolor e incluso arrepentimiento. Por eso, debes estar preparado para sentir estas emociones. Muchas personas consideran estos sentimientos como señales negativas, lo que hace que regresen con la persona tóxica. Esto, por supuesto, no es verdad. Estas emociones son naturales y no deben considerarse como algo negativo. Por suerte, en el caso de las relaciones tóxicas, estas emociones van a desaparecer rápidamente y darán paso a la sensación de libertad, felicidad y bienestar.

- **Darse tiempo para la recuperación**. No querrás llenar el vacío dejado la relación demasiado rápido. Necesitas tiempo para curarte y para apreciar la relación que has tenido y la vida que tuviste antes de llegar a crear nuevas relaciones. Esto te da la oportunidad de evaluar la naturaleza tóxica de la relación para así evitar situaciones similares en el futuro.

- **Aceptar el valor propio**. La culpa puede perseguirte al final de cada rompimiento. La mejor forma de eliminar y prevenir la culpa es concentrándose en el hecho de que mereces algo mejor. Es muy importante que te recuerdes a ti mismo que mereces ser feliz, apreciado y amado. Entre más valores a tu persona, más necesario se vuelve dejar la relación, lo que te ayudará a aliviar la culpa, el arrepentimiento o la vergüenza.

- **Rodearte de positividad**. Esto puede tomar forma de personas positivas, lugares o eventos. Al rodearte de positividad, te aseguras de deshacerte por completo de la energía negativa residual de la relación. Por eso, el miedo, la vergüenza y la baja autoestima se van a reemplazar por felicidad, amor y autoapreciación. Esta energía positiva ayuda a curar las heridas del pasado y a crear un mejor futuro.

- **Escribir un diario**. Algunas veces, el proceso de recuperación puede ser lento. Esto no significa que el resultado no sea extraordinario. Más bien, significa que el camino es gradual y sutil. Una forma de reconocer los resultados del proceso es escribir un diario con los registros de tu vida diaria después de terminar la relación tóxica. Puedes comenzar escribiendo cómo te sentiste después del rompimiento y comenzar a registrar tus estados emocionales diarios. Al hacer un seguimiento de tus pensamientos y emociones, te darás cuenta de todo el progreso que estás haciendo.

Aunque dejar una relación puede ser difícil e incluso traumatizante, puede ser especialmente doloroso en el caso de la relación con los padres. Existe algo inherente a la naturaleza de las personas que la hace querer mantenerse cerca de los Padres. Sin embargo, algunas relaciones son tan tóxicas que mantenerse cerca sólo lleva a resultados negativos. Por eso, cuando todos los intentos de mejorar han fracasado, es necesario deshacerse de la relación con los Padres. Esto no debe tomarse a la ligera. Debe realizarse cuando no haya otras opciones. Por eso, es muy importante que tomes la decisión con conciencia absoluta, convicción y compasión, tratando de hacerla lo más positiva posible. Los siguientes son los dos puntos principales que debes considerar cuando tomes esta decisión y las consecuencias que implican.

. . .

2.- **El momento**

Ya que la relación no puede ser reemplazada, es importante que te deshagas de ella cuando es absolutamente necesario. Por suerte, no es tan difícil identificar cuándo la relación no tiene salvación. El truco es detectar las señales y darte permiso cuando sea algo evidente. Las siguientes señales son las más comunes para cuando la mejor decisión es deshacerte de la relación con tus Padres:

- **Tus esfuerzos para mejorar la relación han fracasado.** Siguiendo con el capítulo anterior, hay algunos Padres que responden de forma positiva a la conversación, pero hay otros que no. Si tus esfuerzos no funcionan en lo absoluto, es momento de acabar con esa relación. De lo contrario, vas a permanecer toda tu vida en esa relación tóxica.

- **Su comportamiento empeora con el tiempo.** Las personas tóxicas empeoran con el tiempo. Esto se debe a que ven la vida con una perspectiva negativa, por lo que su vida es cada vez más negativa. Conforme su energía se vuelva negativa, su comportamiento será más tóxico.

- **Tu comportamiento empeora.** Muchas

veces, la decisión se reduce a dejar a los Padres o volverse igual a ellos. Si descubres que tus interacciones con otras personas se están volviendo más tóxicas, entonces es momento de acabar con la influencia negativa. Nunca llegarás a ser tu mejor versión si permites que estas malas formas definan tu comportamiento. Por eso, necesitas alejarte de tus padres emocionalmente inmaduros que sirven de influencia negativa.

- **Vives por tus Padres.** Normalmente, son los padres los que viven por los hijos, no al revés. Sin embargo, los hijos viven por los padres en este caso. Esto suele cambiar cuando el hijo deja la casa de los Padres, aunque, en los casos más extremos, eso no es suficiente. Si no puedes escapar de las expectativas y las demandas de tus padres aunque ya eres un adulto que vive por su propia cuenta o con una familia, hay que acabar con esa relación.

3.- Cómo dejar ir la relación cuando todavía amas a tus Padres

· · ·

Algunos padres son tan tóxicos que se vuelven odiosos, lo que hace fácil acabar con el sufrimiento que causan. Por desgracia, esto no sucede así cuando todavía armas a los Padres de los que necesitas alejarte. Este proceso puede ser muy doloroso, por lo que algunas personas nunca se alejan. No obstante, si los padres tóxicos están arruinando tu vida, es muy importante que rompas las relaciones con ellos. Ahora hablaremos de algunos consejos para acabar con esta relación, haciendo el proceso más sencillo.

- **No te culpes**. Una de las maneras más sencillas para acabar con una relación es notando todas las cosas malas que hizo la persona y echarle la culpa de toda la infelicidad. En realidad, esto sólo hace que la situación sea peor, hace sentir más dolor y culpa. Por esta razón, no debes concentrarte en los errores o echarle la culpa a tus Padres por los problemas de tu vida.
- **No intentes convencerlos**. No necesitas demostrarle nada a tus padres. Después de todo, si no fuiste capaz de convencerlos, no necesitas explicar nada más. De lo contrario, solo vas a discutir más y más, lo que empeora todo. Al final, quieres que este proceso sea sencillo y sin dolor, por lo que no debes crear más debate y discusiones.
- **Concéntrate en tu independencia**. En

vez de concentrarte en tu necesidad para ser libre de tus Padres, concéntrate en tu necesidad de estar solo. Si tienes una familia, concéntrate en que necesitas ponerles atención a ellos. Adicionalmente, este paso se concentra en el futuro y no en el pasado, por lo que se vuelve más positivo.

- **Pasa tiempo con personas que se encuentran en situaciones similares**. Una vez que te hayas liberado de los padres tóxicos, es importante afirmar lo correcto de tu decisión. Para esto, puedes pasar tiempo con personas que comprenden su situación. Estas personas eran capaces de compartir sus experiencias contigo, ayudando a darte cuenta de que no estás solo. Además, podrán validar tus pensamientos y emociones y ayudarte a mantenerte firme cuando intentes crear una vida independiente y feliz.

- **Admite la posibilidad de una futura restauración**. Nadie puede predecir el futuro, por eso, no podemos decir que nada sea permanente. Aunque las cosas son imposibles de solucionar en este momento, quizás en el futuro sea posible. Tal vez tus padres logran cambiar y recapacitar. Tal vez tú te vuelvas más fuerte y puedas soportar esa relación sin que te cause daño. Pensar en que existe un futuro posiblemente positivo ayuda a reducir las consecuencias negativas del rompimiento con tus padres. También ayuda a aliviar la tristeza por aferrarse a la esperanza de una restauración futura.

9

Cómo superar los efectos de tu crianza y ser un buen padre

UNO DE LOS efectos más devastadores de ser criado por padres emocionalmente inmaduros es el miedo a ser igual que ellos. La idea de destruir la vida de tus hijos es suficiente para hacer que muchas personas no quieran tener familia propia por suerte, no tienes que hacerte este sacrificio para dejar atrás los efectos de tu crianza. Más bien, puedes practicar algunos ejercicios básicos y efectivos para volverte un Padre más saludable y amoroso. En este capítulo hablaremos de cinco consejos que te ayudarán a superar tu pasado y ser un mejor Padre.

1. **Practicar el autocuidado**

Esto incluye darse tiempo para recargar las baterías, comer correctamente, dormir lo suficiente y tomarse tiempo para apreciar las cosas que tienes. El practicar estos métodos cada día reducirá los niveles de estrés.

Eso te permitirá ser más consciente y tener más control de tus emociones, pensamientos, palabras y acciones.

Otro aspecto importante es hablar con alguien cuando sientas que las cosas se salen de tu control. Ya sea un amigo cercano, un familiar o incluso un terapeuta, lo importante es que alguien te escuche hablar de los problemas y te ayude a encontrar soluciones. El sentimiento de la soledad puede incrementar la ansiedad del momento, lo que empeora las cosas. Por eso, tener a una persona con quien hablar puede hacer toda la diferencia para no abrumarse.

2.- **Dedicarle tiempo a los hijos**

El siguiente paso es procurar las necesidades emocionales de tus hijos. La mayoría de los hijos de padres emocionalmente inmaduros fueron maltratados durante su infancia. Para sanar estas heridas debes asegurarte de dedicarle tiempo a tus hijos para que se sientan amados, apreciados y que y dos. Pasar tiempo de calidad con los hijos diariamente asegura el entorno emocional que necesitan para ser emocional y mentalmente fuertes.

· · ·

Otro beneficio son los enlaces que se crean con los hijos en ese tiempo.

Entre más tiempo pases con ellos, más cercanos serán. Por lo tanto, querrás pasar tiempo con tus hijos para hacer algo que sea importante para los dos. El tiempo de calidad puede hacer cualquier cosa, lo importante es intentar diferentes técnicas hasta encontrar una que funcione. Algo que puedes hacer es leer una historia con tus hijos cada noche para que duerman. Esto también ayuda a desarrollar la mente de los niños. Otras actividades pueden ser practicar deportes, hacer manualidades o actividades artísticas, cosas para desarrollar los talentos de tus hijos. Lo importante es que respondas a los hijos y no obligar a que ellos te respondan. Por eso, observa y aprovecha sus intereses para fomentar sus habilidades.

3.- **Ponerse en los zapatos de los hijos**

El proceso de crecimiento es difícil incluso cuando se tienen a los mejores Padres. Sólo porque has logrado superar su pasado y estás criando a tus hijos como te hubiera gustado, eso no significa que tu hijo no va a enfrentar tiempos difíciles en su infancia. Lo mejor que puedes hacer en estos casos es ponerte en el lugar de tus hijos. Esto te permite comprenderlos y, así, ofrecer la ayuda y el apoyo que necesitan. Algunas veces van a necesitar tiempo para descubrir sus pensamientos y emociones, otras veces que requieren un abrazo y que les digas que todo estará bien. Es importante recordar que un solo remedio no es la cura para todos los problemas.

Y por eso, necesitas estar atentos a sus necesidades y responder de forma adecuada. De esto se trata la empatía entre Padre e hijo.

Otro beneficio de la empatía con tu hijo es que te ayudará a sanar las heridas de tu pasado. Al ponerte en el lugar de tus hijos y compartir sus dolores y problemas, proporcionas los cuidados y compasión que te faltaron de niño. Cuando les proporcionas las atenciones a tus hijos, también lo proporcionadas a tu niño interior, lo que ayuda a aliviar la sensación de abandono. Al final, el esfuerzo que dediques a la relación con tus hijos te beneficia de forma proporcional. Algo aún mejor es cuando ellos demuestran gratitud por tu amor y dedicación, esto crea un impacto muy grande para ayudarte a superar tu pasado y mejorar como Padre.

4.- **Evitar usar una conducta autoritaria**

Habrá veces en las que tus hijos y tú no estén de acuerdo, pero sabes que tu decisión debe permanecer porque es lo mejor para todos. Cuando esta situación surgía con tus Padres, ellos actuaban de forma autoritaria.

. . .

Aunque esta forma puede acabar rápido con la discusión, también pueden afectar la paternidad amorosa y el lazo que tienes con tus hijos.

Por esta razón, si quiere ser un mejor Padre, no puedes actuar como un dictador. Siempre hay mejores soluciones.

Una manera de resolverlo es hablando con tus hijos como si fueran capaces de comprender las ideas complejas.

Nunca trates a tus hijos como tontos. Ser joven no significa ser un idiota. Si te tomas el tiempo para explicar las cosas en términos simples, tal vez puedas hacer que tu hijo los vea desde tu perspectiva. Esto puede ayudarlos a tomar mejores decisiones en el futuro.

Por desgracia, habrá veces en las que hablar las cosas no es suficiente. En estos casos, es probable que tengas que hacerte cargo de la situación. Esto no significa que deba ser cruel. Evita la conducta autoritaria para el que seas consistente en tu paternidad. Tus hijos sabrán que pueden confiar en ti y que no deben tenerte miedo, además de que siempre les ayudarás a tomar las mejores decisiones.

. . .

5.- **No siempre tienes que estar en lo correcto**

Como sabrás, la necesidad de estar en lo correcto es un rasgo de padres emocionalmente inmaduros.

Cuando un adulto discute con un niño, la situación se puede volver muy mala. Para no ser como tus padres, es muy importante que reconozcas y elimines la necesidad de estar siempre en lo correcto. Está bien estar equivocado.

Sin embargo, también puedes llevar esto al siguiente nivel y aprender a evitar las discusiones. Después de todo, el problema no sólo se trata de estar en lo correcto, sino que se trata de estar en lo correcto a expensas de alguien más. Es mejor si tu hijo y tú ven las cosas desde el mismo punto de vista. Tú tienes toda una vida que te ha ayudado a crear esa perspectiva, tu hijo no. Por eso, nunca debes esperar que tu hijo sea tan sabio como tú. Más bien, debes aceptar que tu hijo no ve las cosas de la misma manera y debes permitir que aprenda la lección por sí solo. Con el tiempo, saben quién estaba en lo correcto. Lo importante es nunca competir con tus hijos.

. . .

Si quieres dar un paso más allá, te puedes unir a tus hijos en su viaje de descubrimiento. Es posible que aprendas cosas nuevas. Cuando la situación requiera que alguien esté en lo correcto, tómate el tiempo para ver las cosas desde la perspectiva de tus hijos. Esto te dará una perspectiva nueva sobre la vida y que abrirá tus ojos a un nuevo mundo de maravillas. También te brinda la oportunidad de fortalecer tu relación con tus hijos.

Incluso se puede decir que tendrás una segunda oportunidad para vivir la infancia que no pudiste tener.

10

No rendirse

HABRÁS NOTADO que el proceso de autosanación no es tan sencillo. Todo el daño no puedes simplemente desaparecer milagrosamente. Más bien, tienes que realizar muchas actividades de forma regular para liberarte de la influencia de tus padres emocionalmente inmaduros. Además, algunas prácticas son bastante difíciles, ya que pueden requerir enfrentarse a los demonios interiores.

Durante este proceso tan difícil, es natural que incluso los más fuertes quieran rendirse. Por desgracia, esta no es una opción.

Cuando te rindes con el proceso de autosanación, sólo dejas que la influencia de tus padres siga afectándote.

.   .   .

Por eso, es muy importante que sigas con el proceso, no importa que tan difícil sea. La realidad es que entre más difícil sea el camino, más satisfactoria será la recompensa.

Recuerda que sólo podrás vivir la vida que deseas cuando hayas superado tu pasado. En este capítulo vamos a hablar de unos cuantos consejos para ayudarte a seguir adelante.

La sanación toma tiempo

Lo principal es que debes darte el tiempo necesario para sanarte a ti mismo. Los riesgos y los beneficios de este camino dos son muy grandes, por lo cual debes tener la fuerza de voluntad para mantenerte en el camino y llegar hasta la meta. Por esa razón, debes deshacerte de la creencia de que los resultados son instantáneos. Necesitas paciencia y resistencia. Sólo así lograrás realizar los progresos necesarios.

Mantener un registro de tu progreso

.   .   .

Como ya hemos hablado, llevar un diario de registro te ayudará a ver tus progresos, no importa que tan lentos sean. Si solo te concentras en el final, puede parecer que el camino es infinito, por lo que debes establecer pequeñas metas para así sentir la sensación de logro.

Mientras sigas esforzándote, obtendrás ganancias. Debes apreciar cada progreso que realices. Lo mereces. Cada paso que des es una victoria y debes celebrarlo.

Quizás la única manera de medir tu progreso es hacer una lista de las cosas que molestaban a tus Padres. Registra la forma en la que reaccionan a esas situaciones cada vez que te enfrentes a ellas. Con el tiempo, verás cómo cambia tu comportamiento y que eres menos parecido a tus padres. Si te alejas de la influencia de tus padres, verás que es la dirección correcta. Conforme vayas cambiando, verás los resultados y sabrás que estás mejorando.

Sé responsable

Algunas veces es muy tentador descansar del proceso de recuperación. El problema es que, si descansas, se vuelve más difícil volver a la rutina y pierdes la inercia que llevabas. Para prevenir que esto pase, debe ser responsable.

Una manera de hacerlo es practicar el método de establecer pequeñas metas. Así te aseguras de mantener el avance continuo. Escribe estas metas para asegurarte de seguir motivado.

Sé responsable puede requerir más disciplina de la que tienes, y eso está bien. Cuando falles, tal vez quieras pedir ayuda a otra persona para hacerte responsable frente a él o ella. Así ya no podrás ignorar tus fracasos y tendrás que esforzarte. Es feo decepcionarse a uno mismo, pero es peor decepcionar a alguien más.

Confiar en alguien

Otro beneficio de compartir las metas y las expectativas con otra persona es encontrar a alguien en quien confiar. Habrá momentos en los que necesites hablar con alguien más durante tu viaje. Puede ser para hablar de tus miedos, alguien que te escuche o simplemente para desahogarte. Es un paso muy importante para el proceso de autorrecuperación. Esta persona te puede brindar la energía y el apoyo que necesitas para seguir adelante.

Además, podrán celebrar las victorias juntos y él o ella te animará a seguir avanzando.

Transformar las derrotas en victorias

Todos los procesos tienen derrotas y victorias. La diferencia entre las personas que tienen éxito y aquellas que fracasan es un truco sencillo: transformar las derrotas en victorias. Nadie puede evitar los errores, por lo que hay que aceptar los y volverse una mejor persona a partir de ellos. Así es como sales ganando de cada situación. Una forma de lograrlo es siempre volviendo a la carrera, si te caes, te levantas y sigues corriendo. Las personas exitosas consideran los fracasos como una oportunidad para mejorar. Sólo así te harás más fuerte y resistente, te desharás del miedo al fracaso.

Otra forma de reconocer que cada fracaso es una oportunidad de aprendizaje. Recuerda que existen muchos prototipos antes de un invento funcional. Por eso, cada obstáculo y error son una oportunidad valiosa de aprendizaje. Una vez que hayas logrado transformar tus derrotas en victorias, puedes comenzar a cambiar tu vida.

. . .

No te sientas avergonzado o enojado por tu infancia, puedes considerar que es una fuente valiosa de experiencias, conocimiento y oportunidad. El ejemplo de tus padres emocionalmente inmaduros te puede ayudar a ser el mejor Padre para tus hijos.

Además, el dolor y sufrimiento que viviste de niño puede ayudarte a proporcionarle a tus hijos el amor, la felicidad y la seguridad que merecen. Tal vez perdiste tu infancia, pero no perdiste tu vida. Te queda una hermosa vida por delante, una en la que eres libre de ser tú mismo.

Conclusión

AHORA TIENES todo lo necesario para recuperar tu vida y
ser la persona que deseas. Me importa que tan compli-
cada haya sido tu infancia, ahora puedes comenzar el
proceso de sanación y deshacerte del dolor y sufrimiento
que has tenido hasta ahora. Incluso si el camino de recuperación es largo, al menos ya sabes la dirección correcta
y que la felicidad está al alcance de tu mano. Cada paso
que des te ayuda a recuperarte, a sentirte más feliz, más
saludable y más libre.

En tu proceso de autosanación debes recordar lo
siguiente:

- Comprender a tus Padres te ayuda a entender
  el impacto negativo que tuvieron en tu vida

- Cuando reconoces tus dificultades es cuando puedes comenzar a sanar con las técnicas adecuadas
- Conforme practique es los métodos de autosanación comenzar as a transformar tu vida hacia algo mucho más positivo y lejos del trauma
- Siempre debes ser honesto contigo mismo
- Puedes deshacer los efectos de tus Padres tóxicos y ser la persona que deseas ser
- Una vez que tengas el control de tu vida, no hay nada que no puedas hacer

Puedes descubrir un camino corto y directo, pero también puede ser un camino largo que pondrá a prueba tu voluntad y resolución. Lo importante es que, entre más difícil sea el camino, mayor será la recompensa. Cada paso que des te ayudará a alejarte de ese pasado y te acercará al futuro lleno de amor, felicidad y salud que mereces. Cuando hayas sanado tus heridas serás capaz de ser un amigo, compañero y Padre que cualquiera desearía tener. Recuerda que el esfuerzo vale la pena. Mereces una vida feliz y satisfactoria, una en la que puedas aprovechar todo tu potencial.

www.ingramcontent.com/pod-product-compliance
Lightning Source LLC
Chambersburg PA
CBHW071624030726
47598CB00001B/421